历史学的实践丛书

历史学的实践丛书

什么是思想史

What is Intellectual History?

［英］理查德·沃特莫尔（Richard Whatmore） 著

岳秀坤 译

北京大学出版社
PEKING UNIVERSITY PRESS

著作权合同登记号 图字：01-2015-7721

图书在版编目（CIP）数据

什么是思想史 /（英）理查德·沃特莫尔（Richard Whatmore）著；岳秀坤译. -- 北京：北京大学出版社，2025.2. --（历史学的实践丛书）. -- ISBN 978-7-301-35957-0

I. B1

中国国家版本馆 CIP 数据核字第 20259B5D56 号

What is Intellectual History?
Copyright © Richard Whatmore 2016
First published in 2016 by Polity Press
This edition is published by arrangement with Polity Press Ltd., Cambridge
Simplified Chinese Edition © 2025 Peking University Press

书　　　名	什么是思想史 SHENME SHI SIXIANGSHI
著作责任者	[英] 理查德·沃特莫尔（Richard Whatmore）著　岳秀坤 译
责任编辑	李学宜
标准书号	ISBN 978-7-301-35957-0
出版发行	北京大学出版社
地　　　址	北京市海淀区成府路 205 号　100871
网　　　址	http://www.pup.cn　新浪微博 @ 北京大学出版社
电子邮箱	编辑部 wsz@pup.cn　总编室 zpup@pup.cn
电　　　话	邮购部 010-62752015　发行部 010-62750672 编辑部 010-62752025
印 刷 者	三河市北燕印装有限公司
经 销 者	新华书店 650 毫米×965 毫米　16 开本　11.75 印张　143 千字 2025 年 2 月第 1 版　2025 年 2 月第 1 次印刷
定　　　价	56.00 元

未经许可，不得以任何方式复制或抄袭本书之部分或全部内容。
版权所有，侵权必究
举报电话：010-62752024　电子邮箱：fd@pup.cn
图书如有印装质量问题，请与出版部联系，电话：010-62756370

献给我的母亲布伦达·沃特莫尔（Brenda Wh

序　言

　　这本小书的目的，是让普通读者了解什么是思想史（Intellectual History），以及思想史家在做什么。思想史在当下还是一个非常活跃的研究领域。在历史研究发生种种转向（全球转向、跨国转向，以及比较转向、空间转向、视觉转向、国际转向）的今天，思想史家依然站在前沿。思想史的论著，可能会探究科学理论，也可能会讨论激情与感觉，或者是城市规划和民族国家，甚至是食人行为和其他（更为原始的）消费方式，还有工人阶级，以及人物传记，或是赞美诗。给思想史下一个定义，总是难免有偏颇之虞。像本书这种入门性质的介绍，同样不得不说只是笔者的一隅之见，希望读者能鉴谅。一部著作，如果在题目里标明了思想史，其内容很可能关系到科学、艺术、音乐抑或人类学的智识进步，这些领域在20世纪50年代以来已经取得了显著的成果。此外，关于思想史与哲学史之关系，或是思想史与文学史之关系，近年来已经证明是学术研究的富矿。在这本书里，我将会尽量奉献给读者的，是在我眼中进入这一领域所必需的指引。当然，所讨论的内容难免会受到我个人研究兴趣的局限。我的研究所走的路子，现在可能会被称为传统路径。在20世纪80年代，笔者有幸求学于剑桥大学，通过两门本科生课

程得以窥见思想史的门径：一门是"1750年之前的政治思想"，另一门是"1750年之后的政治思想"，标题就让人心动。当时在剑桥任教的讲师和导师群星璀璨，有约翰·邓恩（John Dunn）、马克·戈尔迪（Mark Goldie）、邓肯·福布斯（Duncan Forbes）、昆廷·斯金纳（Quentin Skinner）、加雷斯·斯特德曼·琼斯（Gareth Stedman Jones）、理查德·塔克（Richard Tuck）。之后我进了哈佛，继续念研究生，又过了一年，我才觉得自己算是思想史这个专门群体中的一员了。

在麻省剑桥，我选了一门课"启蒙时期的政治理论"，教师是杰出的朱迪斯·史珂拉（Judith Shklar，1928—1992）。史珂拉在课上鼓励研究生把历史上的文本跟当下的政治问题结合在一起研究。关键就是要弄清楚，假如历史人物面对的是今天的争议，将会采取什么立场。因而，详细讨论过的议题里，就包括"孟德斯鸠是否会烧掉[美国的]国旗"之类问题。我觉得这种讨论有些古怪，因为对于这种问题，给出答案似乎没有什么意义，那时候我以为（现在仍然这么看），这种讨论既没有增加我们对孟德斯鸠的了解，也无助于我们对（历史上的或是当代的）政治思想本质的了解。以前听老师说，解读历史上作家们的作品的重点，是发现他们如何考虑他们自己所关心的议题。至于它们跟现实政治之间的联系，或许是有的，不过这种关联既曲折又间接。而史珂拉的做法是，让参与她的研讨班的学生讨论所选文本中的论证过程，拿当代的论证作为对照，对前者加以评估。她是能调动情绪的导师，擅长提问，循循善诱。跟我在英国剑桥遇到的那些导师不一样的是，她不会把自己的看法直接讲出来，也不会让研讨班变成一种传授过去人们如何思考的活动。这让我觉得不能满意，因为我知道史珂拉对18世纪政治有远胜于我的理解，希望她能够在这方面多一些教导。

强调这一点有助于说清楚我研究思想史的取径。有些读者可能会以为，这是在强调我属于一个通常被称为"剑桥学派"的思想史群体，提到这个学派，往往会让人联想到思想史等同于政治思想史这一说法。事实并非如此。对于剑桥或是别处的思想史学者来说，思想的历史不仅仅限于政治，而且研究政治问题的话，经济学、人类学、自然哲学或是其他多种学科都是可以采取的路径。本书的写作目的之一就是想证明，像剑桥学派这样一个标签，尽管可以用来描述一系列为思想史开辟路径的奠基之作，但今天已经可以放弃了。当世最好的一些思想史学者所处理的问题，已经不适用这个标签。尽管其中不少人仍然跟剑桥大学有着某种联系。在一般人头脑中被认为与剑桥有关的那些思想史家，实际上代表了不同的思想史研究取径，它们均在英语世界流行，这一点也需要被认识到。话虽如此，被称为政治思想史家的学者们对于思想史这一领域的确立所做的贡献，是不能被忽视的；这里尤其要强调的是，事实上，其中有几位学者一直是思想史研究的议程设定者。特别是对于漫长的18世纪的探讨，许多论点的例证和阐释都是从政治思想史的研讨中得来的。这是我觉得最有把握的领域。本书初稿的一位匿名评审人提问，这本书的标题是否应该叫"什么是政治思想史"？本书的目标是成为一本思想史的入门书，同时要厘清思想史与相邻领域之间的关系。笔者在书中提出的观点之一（在其他地方也提到过），就是思想

史正处在岔路口上。当下几位被公认是思想史奠基者的学者,他们有若干部作品正在出版过程之中,也许将是他们的最终定论;与此同时,这些旗帜性人物所采取的研究方法与态度,在一系列新的领域、新的问题上正在被广泛应用。思想史下一步将走向何方,谁也无法预测。

致　谢

感谢圣安德鲁斯思想史研究所的同事和朋友，还有我在圣安德鲁斯其他机构工作的各位友人。感谢我的妻子露丝·伍德菲尔德（Ruth Woodfield），还有孩子们，杰斯（Jess）、金（Kim）、达维·瓦特莫尔（Davy Whatmore），多谢你们同意举家搬到北方。

我还要对以下诸位致以特别的谢意：曼努埃拉·阿尔贝托内（Manuela Albertone）、里卡多·巴瓦伊（Riccardo Bavaj）、罗里·考克斯（Rory Cox）、艾琳·费夫（Aileen Fyfe）、克里斯·格林特（Kris Grint）、克努兹·哈康森（Knud Haakonssen）、詹姆斯·哈里斯（James Harris）、约翰·哈德森（John Hudson）、贝拉·卡波西（Béla Kapossy）、科林·基德（Colin Kidd）、罗萨里奥·洛佩斯（Rosario Lopez）、尼克·伦格（Nick Rengger）、雅克琳·罗斯（Jacqueline Rose）、菲利浦·斯科菲尔德（Philip Schofield）、迈克尔·索南谢尔（Michael Sonenscher）、科恩·斯塔佩尔布鲁克（Koen Stapelbroek）、菲利普·施泰纳（Philippe Steiner）、基思·特赖布（Keith Tribe）、唐纳德·温奇（Donald Winch）和布莱恩·扬（Brian Young）。你们的评论、建议和支持让我受益良多。

埃利奥特·卡尔斯塔特（Elliott Karstadt）是本书最理想的编辑，他和他所选择的两位匿名评审人给我的初稿提出了大量极其有用的修改意见。文字编辑莎拉·丹西（Sarah Dancy）的工作非常出色，揪出了诸多错漏之处。当然，文字讹误或未扫尽，责任在我。

目 录

导 言 　　　　　　　　　　　　　　　　　1

第一章　思想史的身份　　　　　　　　　15
第二章　思想史的历史　　　　　　　　　27
第三章　思想史的方法　　　　　　　　　63
第四章　思想史的实践　　　　　　　　　81
第五章　思想史的适用性　　　　　　　　93
第六章　思想史的现在与未来　　　　　119

结 论　　　　　　　　　　　　　　　137
进一步阅读文献　　　　　　　　　　　141
索 引　　　　　　　　　　　　　　　165

导　言

在英格兰西北部的坎布里亚（Cumbria），温德米尔湖的东侧，有一处艾克勒格峭壁，那儿曾经有过一个采石场，为这一地区的宏伟建筑提供石板和石材。从18世纪到20世纪早期，这里一派繁忙景象，采石场规模巨大，有自己的码头。这一切已经成为历史，后来此地建起旅馆，如今地面上还可以见到五块厚厚的石板，上面有细密的雕刻，此外，水中还有一些突兀的石头或隐或现。有些雕刻完成于1835—1837年之间。曾经有很多能工巧匠受雇于采石场，其中有一位显然是自发地在石板上刻下了一些信息。雕刻的信息中不乏国家级名流和地方名人，包括"纳尔逊"、"牛顿"、"沃尔特·司各特"、"华兹华斯"、"詹纳"（Jenner）、"汉弗里·戴维"（Humphry Davy）、"理查德·沃森"（Richard Watson）；还有这个地方的拥有者，"约翰·威尔逊"（John Wilson），他是湖畔诗人的友人，当地名士，为《布莱克伍德杂志》写稿，还是爱丁堡大学的道德哲学教授（1820—1851）；还有"约翰·劳顿·麦克亚当"（John Laudon McAdam），他以为本地筑路而闻名；此外，还有给当地学校捐款的一些人的名字。最大的一块石板，高达五米，刻写的字母硕大、清晰，石匠所持的观念由此可见一斑："国债八个亿／哦，天佑吾国／

什么是思想史

乔治三世,威廉·皮特/财力是战争的支柱/陆军元帅惠灵顿/英勇的海军上将纳尔逊。"①

历史学家们会用这些刻字做什么呢?社会史学者也许会尝试着从中发现一些信息,关于采石工人的社会地位、工作条件,以及工作之外的生活,还有他们所身处的社会属于何种性质,涉及阶级、性别、仪式和身份认同。经济史学者可能想知道另外一些信息,关于工人工资的比较,这一时期的经济状况,通过跟当地的其他行业或是更为普遍的全国性趋势比较,发现采石场雇工的相对地位。有可能还要寻找与之相关的其他雕刻,并且加以评估。文化史学者也许会推测个人或社会团体如何通过地方性、区域性和国家性的话语来表达自我,进而分析其中的权力关系,描绘出个别的历史人物跟更大社会群体之间的关系图景。思想史学者则必须从这些语词入手。作者刻写这些语词想要传达的是什么?为什么他偏偏选择这样一种方式?他所持的看法在别处是如何表述的?它们的渊源在哪里?反响如何?

这种研究是很困难的,遇到意义难以辨明的情况会尤其困难,比如像这个例子,刻写的只是一些孤零零的词汇,或是一些格言警句。依据雕刻中提到的人名去寻踪觅迹,还是相对容易的。它们显示出,雕刻者了解当地有哪些头面人物,看起来尊重他们的社会地位,对其慈善之举尤其是捐资给学校的穷人,评价相当高。它们也

---

① Blake Tyson, "Quarry Floor Inscriptions at Ecclerigg Crag, Windermere", *Transactions of the Ancient Monuments Society*, 25 (1981), pp. 87-101.

透露出,技术发明和科学,以及诗歌和文学,还有军事力量和英雄之举,是受人尊敬的。除了分析刻写在石板上的那些陈述之词中所包含的论点,想要再进一步,就比较困难了。它可以表明,这个国家因为国债负累而陷入困境,需要拯救("哦,天佑吾国")。对金钱与战争之间的对立关系,此处有清晰的表述——"财力是战争的支柱"。紧接着,威廉·皮特出现了两次,那么,就有可能——但无法确证或是否定——作者认为皮特是上一代人里的战争贩子,也可能是他自己年轻时代的战争贩子,因为提到了纳尔逊和惠灵顿。从爱国的立场赞颂这些大人物的品质,同时又哀叹战争及其后果的严重性,这是那一代人很可能会有的典型表现。

更为重要的是,"天佑吾国"这一引语直接取自亚历山大·蒲柏(Alexander Pope)为罗彻斯特大主教弗朗西斯·阿特伯里(Francis Atterbury)博士所写的墓志铭。1732年,阿特伯里在流亡中逝于巴黎,临终前,他在女儿的怀抱中努力道出此语。阿特伯里说过此语是众所周知的,而他又是借用自教父保罗·萨尔比(Paolo Sarpi)。萨尔比是著名的威尼斯史家,临终前讲过"愿她长存"(*Esto perpetua*),祝愿威尼斯能够维持独立政权的地位。"财力是战争的支柱"这一说法,尼可洛·马基雅维利和弗朗西斯·培根都曾经反驳过,可以追溯到西塞罗的第五次反腓力王演说(Cicero's Fifth Philippic),并且被拉伯雷、丁尼生等许多作者引用过。对于艾克勒格峭壁的石匠而言,这句话意味着什么呢?叹息社会日趋商业化,奢靡之风弥漫,预测所有的社会都会由于纵欲过度、穷兵黩武、债务日增而导致悲惨结局——在18世纪的文献里,这些也是老生常

谈了。大卫·休谟收入《政治论文集》(*Political Discourses*, 1752)的一篇文章《论政府贷款》,提供了石匠所继承的此类哀怨文献的一个绝好的例子。休谟为欧洲各国债务日增的后果倍感忧虑,用"瓷器店里动刀枪"为喻,描述当时的国际关系。事实上,瓷器必然会四分五裂,而那些债台高筑的国家,其国内经济和市民社会亦将崩溃。在干涉法国大革命以及拿破仑战争期间,债务恐慌达到了顶点,当时债务达到了国内生产总值的250%,这是此前从未出现的数字。对于生活在那个时期的人们来说,皮特首相跟国债的关系是尽人皆知的——尤其是在1797年,政府解除了英格兰银行把货币兑换为黄金的义务。

跟休谟一样,18世纪很多关心国家生活的观察家都确信,英国这个国家正在走下坡路。他们之所以这么认为,对于战争或是债务导致破产的忧虑是一个主要原因。以我们的后见之明,所谓"工业革命"在当时已经显露出了端倪。有些历史学者认为,经济增长从未像18世纪那么快过。① 而且,按照巴兹尔·威利(Basil Willey)等人的描述,这一时期的特征是稳定性在增强,构成了维多利亚时代自信(Victorian self-confidence)的序曲。然而,对于当时人来说,18世纪的英国是一个处在危机之中的新国家,深受债务、战争和政治分裂的困扰,詹姆士二世党和汉诺威党对立,辉格派和托利派抗衡,还有圣公会信徒、天主教徒以及异见分子的分

---

① Joel Mokyr, *The Enlightened Economy: An Economic History of Britain 1700-1850* (New Haven, CT: Yale University Press, 2009).

歧，以及社会商业化的支持者和敌对者的对抗。对于未来会怎么样，当时的观察家难做预判，仅有的共识是，有国家毁灭的可能。众人皆知，巨变即将来临；前途未卜之感，随处可见。甚至就连著名的冷静派，对英国的前景抱有乐观预期的学者，像亚当·斯密或让－路易·德·洛尔梅（Jean-Louis de Lolme），也不认为现状稳定，或是值得维持。哀叹英国将会崩溃和战败的论调，倒是更为常见。

英国经受住了法国大革命和拿破仑战争的冲击，并且在经济和政治力量方面成长为欧洲的领先国家，这一点足以引人注目，即便还有许多观察家持保留意见。然而，尽管在政治和经济方面成为其他许多国家的典范，英国的智识生活仍然充斥着虚假的自大感，认为在经历了一段非同寻常的发展之后，英国已经达到政治和商业的霸主地位，但这种状态注定不会持续，国家不可避免会走向衰落。到19世纪30年代，债务状况仅仅比18世纪的水平略有降低，唱衰英国的老调这时仍有回响。这正是艾克勒格峭壁的那名石匠所处的境况。他这个人，让人想起了那个过去了的时代，充满末世忧虑，预感国家注定衰亡。他的雕刻，其重要性就在于揭示了特定观念的持续存在，以及在"均势时代"即将到来之际对未来的持续担忧。因此，石匠的话非常重要，它给我们提供了维多利亚时代早期的视角，而这个视角常常被人遗忘。

理解石匠的话有何意义，让思想史研究的能力得以展现，亦即：它可以揭示出过去的思想、观念或是论点背后所隐藏的东西，由于后代人的放弃或是拒绝，它们被忽视已久了。思想史家想要重

现一个失落的世界,从废墟中恢复那些视野和观念,揭开面纱,阐明那些观念为何会在过去产生共鸣,俘获了支持者。思想,及其所创造的文化和实践,是所有理解行为的基础。思想,是那些前沿哲人之行动的表达,他们关于自由、正义或是平等的概念,仍然需要阐发;思想,也是所有社会中具有文化重要性的人物的行为表达,或者说,他们其实就是各种形式的大众文化的阐释者。就第二类人举一个例子吧,博物学者、作家亨利·威廉森(Henry Williamson),因1927年出版《水獭塔卡》(*Tarka the Otter*)一书而声名鹊起。1964年,他就世界大战问题接受了BBC纪录片的采访。他回忆道,1914年的圣诞节,在血腥的第一次伊普尔战役之后,他作为机枪军团的一名列兵,在弗兰德斯的战壕里,德国士兵跟他称兄道弟。德军跟敌方的英军自发地达成了停火协议,在阵地沿线的不同位置,这一停火持续了几个小时到几天不等。在此期间,威廉森跟一个德国士兵聊天,对方说,德国方面是为了"祖国和自由"而战。威廉森回答,战争是德国人挑起的,为了自由而战的是英国人,上帝和正义无疑将会站在他这一边。他又说,战事很快将会结束,因为俄国人在东线有很强的实力。德国士兵反唇相讥,认为德国不久将会取得胜利,而俄国就要崩溃了。争论毫无意义,因为谁都无法说服对方。这次交流让威廉森对战争的看法有了变化。他无法理解,为什么每一方的士兵都坚信自己是正义的一面;既然如此,战斗就失去了意义,变成白白送命、灭国的消耗战。20世纪30年代,威廉森一度参与法西斯主义运动,当时他相信也许它可以提供西方民主制度明显缺少的某些道德确实性。此举是他在1914年所感受的思想触动——双方都确信自己的事业绝对正确——的直接后果。给这种信念以解释,说清楚其源起、本质和局限,以免思想走入极端,正是思想史家要做的事。

还可以从大众文化中再举出例子。1935年,约翰·巴肯(John Buchan)的小说《三十九级台阶》(1915)第一次改编成电影,由阿尔弗雷德·希区柯克执导。"苏格兰飞人"(伦敦与爱丁堡之间的快车)抵达了爱丁堡的威弗利站,跟逃亡的理查德·汉内同一节车厢的有两位英国内衣销售商,其中一个对他看到的第一个苏格兰人——在窗口外兜售报纸——说:"你会说英语吗?"稍后,汉内在爱丁堡的北部低地被警察追捕,有个农妇把丈夫的外套送给了冻僵的汉内,并且因此遭到丈夫的殴打。约翰·劳里(John Laurie)——此人后来因为《老爸上战场》而成名——扮演的农夫刻薄、残忍、不讲公义、言而无信,拿了汉内的钱,答应保持沉默,却又想去警察那里告密。电影所表现的是两次世界大战期间英国人对待苏格兰人及其加尔文教信仰的偏狭心态。他们把加尔文教看作伪善、自私、野蛮的宗派。隐藏在这种民族成见背后的观念,其源起、传布以及没落,值得仔细考察。有关观念变化之影响,更近的一个例子出自电影《刀锋战士》,1982年由雷德利·斯科特(Ridley Scott)执导,底本是菲利普·K.迪克的小说《机器人会梦见电子羊吗》(*Do Androids Dream of Electric Sheep?*,1968),讲了一个发生在2019年的洛杉矶的反乌托邦故事。电影中,几乎每个人物都接连不断地抽着烟。无论是斯科特还是迪克都不曾想到,在世纪之交后不久,抽烟这一举动对观众来说已经不再象征着某人有地位、态度得体。这一点恰恰

说明电影是战后时代的产物,而不是发生在想象的未来。思想史学者不管研究的是深奥的哲学论说、久远的文化实践还是民族偏见无意识的表现,都要对这些思想的源起和内涵加以解释,其历史不可能是简单直白的。就像伊丽莎白·拉布鲁斯(Elisabeth Labrousse)谈到皮埃尔·贝尔(Pierre Bayle)的《历史与批判辞典》(1697)时所说的:

> 观念史已经表明,作品一旦脱离了原初的社会历史语境,被当作传达普世信息的载体来阅读,那么,发挥其最大的影响力,凭借的不是对其思想的机械复制或是准确反映,反而是阐释过程中出现的含糊、误解和时代倒错。①

诸多生活与观念的再现,关系到人们对于期待中的另一种生活状况的愿望,而历史,往往会跟那些号称有预言天赋的人开玩笑。

以上所述,可以归结为:尽管人类历史上看起来有时候会忽视思想,研究贸易周期、人口制度或是粮食收成等等问题,但思想是不能回避的。所有人都认可这一点。人们表达其思想,可能有各种各样的伪装。因而,想要理解人们的所作所为、思想的真实意涵,以及它们与其所渊源的意识形态文化之间有何种关联,就需要仔细的重构工作。只有通过历史性的阐释,才能弄清楚思想的含义。思想史本身,非常近似于人类学以及相关社会科学中常用的各种人种

---

① Elisabeth Labrousse, *Bayle*, tr. Denys Potts (Oxford: Oxford University Press, 1983), p.90.

志研究。这一点在格尔茨的著名文章《深描:迈向文化的解释理论》中有最精彩的阐述;格尔茨首先指出,文化是符号,因为"人是一种悬挂在自己编织的意义之网上面的动物"。①

"深描"一词,格尔茨借自吉尔伯特·赖尔(Gilbert Ryle)。赖尔讲过一个著名的例子。两个男孩眨右眼,其中一个是无意识的,另一个也眨眼,则是一个信号,给朋友传递信息。然后,第三个男孩也挤眉弄眼,做出模仿。此时,深描是指重新发现"意义结构的分层层次,通过这种分层,抽搐、眨眼、假装使眼色、戏仿和戏仿的练习得以区分,进而被感知,得到解释"。② "深描"这一术语据说是杰里米·边沁(Jeremy Bentham)发明的,但我在他已刊和未刊的各类著述里都没找到这个词。不过,深描确实跟边沁在解释某些具体观念的意义时所讲的过程若合符节。边沁多次指出过这一点,尤其是在他试图对巴黎的国民公会给予指导时,曾经急切地强调了这一点:像正义或自由这样的概念,理解起来可能很困难,这就像一个眼部动作究竟是抽搐还是眨眼,很难做出判断。解决之道就是尽可能多地收集词汇使用的信息。比如说自由的含义,如果不提供各种例证,人们很容易犯糊涂,正如边沁所说,法国人越来越把实现自由和建立帝国混为一谈,并因此而感到迷惑。于是,边沁力求对自由的含义和内涵进行非常精确的阐述,在此过程中,他解释说自由往往意味着"被迫的自由",亦即自由变成了有助于强

---

① Clifford Geertz, "Thick Description: Toward an Interpretive Theory of Culture", in *The Interpretation of Cultures: Selected Essays* (New York: Basic Books, 1973), pp.3-30.

② Geertz, "Thick Description", p.7.

者剥削弱者的工具。① 只有仔细审查历史遗留下来的各种意见，我们才能弄清楚奥林匹克运动会究竟是单纯的比赛，还是一种有组织的政府形式，或者，只是人们普遍渴望强身健体的产物。又比如，黄金时代的荷兰静物画家，如安布罗修斯·博斯查尔特、彼得·克拉斯和扬·达维兹宗·德·海姆，他们笔下的骷髅、动物、花卉和昆虫，究竟是作为生死之道的象征、隐喻和符号，还是只不过就是郁金香、蜥蜴和蛾子，同样需要如此处理历史文献，才会有答案。

尽管如此，思想史常常给人不好的印象。从很早开始，就有来自历史学家、哲学家和社会理论家的批评。刘易斯·纳米尔（Lewis Namier），在历史研究中运用"集体传记"方法——亦即在传记信息的基础上推导出一个群体的共同特征——的提倡者，早在1930年就在其著作《美国革命时代的英格兰》中声称，研究思想（ideas）是"痴人说梦"，因为在他看来，人类行为的真正驱动力只是利己主义。思想掩盖了社会行动的真正根源，因而是误导性的。持各种哲学立场的人已有论证，要想理解思想，唯有参照引起社会变动的真正原因，其中包括有意或无意的经济力量、无意识的自我或是无知无识的大众。所以，思想是关于这个世界的第二位的信息来源。真正的研究，应该是识别出上述力量所代表的特殊语境；唯有参照这些力量，思想才有可能得到解释。葛兰西曾

---

① "Jeremy Bentham to the National Convention of France"(1793)，后以"Emancipate your Colonies"为题出版。

经批评历史学家克罗齐是"可鄙的本丢·彼拉多主义"(despicable Pontius Pilatism),亦即,把知识分子视为必然高于群众,脱离大众的利益。克罗齐因为不表态、不愿对任何事情负责以及不直接参与公共事业而受到指责。① 最近也出现了针对思想史家的类似抨击。思想史家被称为唯心主义者,跟现实毫无关联的嗜古癖,"从书本到书本"的政策鼓吹者,眼里只有精英和大人物的学究,不能理解社会,除了思想之外不相信偶然因素。本书要论证的是,如果针对目前实践中的思想史这一学科,所有这些批评都是站不住脚的。

思想史家承认的观点是,思想就是关于社会现象的第一位的信息,与揭示我们所生活的世界中的事实有直接关系,而且,除非参照思想,否则这个世界根本无法描述。因此,思想本身就是社会力量。思想有可能受到其他力量的塑造,但是,反过来,它们自身也总是会对人类世界产生影响。除此之外,思想史家们在其他问题上并没有一致意见。② 部分原因在于,他们接受的影响来自20世纪下半叶之前或其间发展起来的不同的哲学流派。本书在后面将会对其中的某些流派有所描述。值得强调的一点是,思想史家面临的一个问题是,他们就职于各个文科院系,因此他们总是需要依据所在学科的主流研究方法来定义自己的身份。能否被历史学同行接受,常

---

① Antonio Gramsci, *Quaderni del carcere*, vol. 1: *Il material-ismo storico e la filosofi di Benedetto Croce* (Turin: Giulio Einaudi, 1966), pp. 174-175.
② 分歧的程度可以从在线视频项目《什么是知识史?》中明显看出,网址为:http://www.st-andrews.ac.uk/iih/。

常是他们要考虑的特殊困境。人们常常指出，思想史家在"真正的"历史学家面前感到不自在，而这些历史学家认为，思想对于"真实的历史"的要素而言只是附属现象。唐纳德·温奇（Donald Winch）曾指出，思想史家在发表论文时往往像是在进行"客场比赛"。① 幸好，今天这种情况不再那么普遍了。本书的目标之一，是界定思想史家所共有的领域，让思想史家感受到自己是一个主场团队的一部分。

达林·麦克马洪（Darrin McMahon）和塞缪尔·莫恩（Samuel Moyn）指出，当前思想史面临的问题之一是我们不再相互争论，在研究方法上尤其如此；这种现象被视为一个问题，因为在20世纪60、70年代，一些杰出的思想史作品的产生与方法论的辩论是分不开的。背后的预设是，如果我们停止相互辩论，就会变得自满，也就不会产生卓越的作品。② 马克·贝维尔（Mark Bevir），近年来历史哲学领域最重要的学者之一，曾经说过，他的著作《观念史的逻辑》（*The Logic of the History of Ideas*，1999）就是在方法论研究黄金时代的末期问世的。③ 约翰·布罗提出了另一种观点，他写了一篇讨论方法论贫困的文章，认为如果痴迷于寻找审问过去的单一的方法，

---

① Cited in Stefan Collini, "The Identity of Intellectual History", in Richard Whatmore and Brian Young, eds, *Companion to Intellectual History* (Oxford: Wiley-Blackwell, 2015).

② Darrin M. McMahon and Samuel Moyn, "Introduction: Interim Intellectual History", in *Rethinking Modern European Intellectual History* (Oxford: Oxford University Press, 2014), pp. 3-12.

③ "Five Questions to Mark Bevir", in Morten Haugaard Jeppesen, Frederik Stjernfelt and Mikkel Thorup, eds, *Intellectual History. 5 Questions* (Copenhagen: Automatic Press, 2013), p. 30.

很可能会变得感觉迟钝。① 布罗称之为"方法论整体主义",假如有人致力于此的话,就意味着对个人的认识论预设进行审问,那么,与之相伴随的往往是对过去的蔑视,对于过去思想貌似陌生但可能合理的本质丧失了欣赏能力。剑桥的一位思想史家伊斯特凡·洪特(István Hont)还有更加尖锐的批评,他声称"方法论是提供给愚笨之人的东西"。值得指出的一点是,当下一些最优秀的历史学者,如安东尼·格拉夫顿(Anthony Grafton),回避了方法论争议。我并不反对对方法论的讨论,不过,本书不会刺激此类问题的辩论;本书旨在作为对思想史领域的入门介绍,仅此而已,我并没有什么原创的观点准备发表。但它确实旨在鼓励不同意见的出现。

以下章节旨在一般性地描述历史思想研究的历史,以及当今这一领域的研究方式和相关的争议。在考虑了思想史的历史、方法和实践之后,接着探讨的议题是,思想史家所声称的历史研究与当代的现实问题无关。最后,本书将对思想史领域的近期走向做临时性的推测。我要提醒那些期望本书总揽思想史研究全局、博采众长的读者注意,我凭借的只是那些我最熟悉的领域。值得注意的是,就古代思想的研究而言,思想史的影响似乎很有限,部分原因在于,"古典学"这一领域领地分明,传统深厚。同样,对与莱因哈特·科泽勒克(Reinhart Koselleck)、米歇尔·福柯和列奥·施特劳斯(Leo Strauss)相关的思想史方法,虽然本书也做了基本的介绍,但我主

---

① John Burrow, "Intellectual History: The Poverty of Methodology", 未刊论文,参见网址:https://www.sussex.ac.uk/web team/gateway/file.php?name=intellectual-history—the -poverty-of-methodolgy-ii.pdf&site=68。

要做的工作,还是集中在与昆廷·斯金纳和约翰·波考克相关联的方法和实践上。原因在于,我认为后者是在英语国家的思想史学者中占主导地位的方法,并且在最近几十年对思想史家的工作所产生的影响是最显著的。当然,各种思想史取径彼此之间存在重叠,也有相似之处,在本书的最后部分将会对这一点有所讨论。关注点聚焦在所谓"剑桥"学者,可能是一个错误。2014年9月,我在乌梅奥大学(University of Umeå)参加了一场瑞典研究生的思想史会议,很快就发现,没有学生听说过波考克这个名字,没有学生研究过斯金纳的任何方法论论文,他们研究的灵感完全来自福柯。瑞典学生所做的研究主要关注20世纪的技术史;一个有趣的结果是,他们中有不少人会应聘到科学学院,去教那里的本科生。这跟其他地方的情况完全不一样。

第一章

思想史的身份

我们如何给思想史下定义呢？你可以看到，目前，那些自称是思想史家的学者或是对思想史感兴趣的学者，他们正在研究的领域林林总总，包括身份、时间与空间、帝国与种族、性与性别、专业科学与大众科学、身体及其功能，以及历史上对待食物、动物、环境和自然世界的态度，人的迁移与思想的传播，出版的历史，物品的历史，还有艺术史、图书史等等，此外还有传统上与思想史关系密切的主题，如政治理论和国际关系。有人可能会说，思想史研究如此纷繁多样，以至于无法下一个定义。还有人可能会说，如果一个人正在致力于某个领域，那么想要为这个领域下定义可能是错误之举，因为这会导致人为地设限。约翰·波考克被许多人认为是对思想史做出了极大贡献的学者，他撰写了一系列开创性的作品，在回答"你最初为什么对思想史感兴趣？"这个问题时，他的答案是："我不确定当初是为了什么，因为那时候我压根没听说过思想史，现

在也不确定我是否相信有思想史这个领域存在。"①

以往已经有很多种定义思想史的尝试。然而，当思想史学者试图定义自己时，他们就像经济学家一样，陷入聚讼纷纭。因此，我将拒绝罗伯特·达恩顿对思想史所做的如下定义，他曾写道，思想史包括：

> 观念史（history of ideas，通常是对系统性思维的研究，主要表现为哲学形式）、真正的思想史（intellectual history proper，对非正式思维、舆论气候和文学运动的研究）、思想的社会史（social history of ideas，对意识形态和思想传播的研究）以及文化史（cultural history，研究人类学意义上的文化，包括世界观和集体心态）。②

我觉得这样的定义模糊不清。例如，什么是与非哲学性表述相对的哲学性表述？哲学性思维和非正式思维之间有什么区别？达恩顿如此定义，其目的之一是将思想史与作为一种文化史的"思想的社会史"区分开来。③ 在实践中，思想史家追随阿尔纳尔多·莫米利亚诺和安东尼·格拉夫顿等学者的做法，他们深受语文学研究的伟大传统及

---

① "Five Questions to John Pocock", in Morten Haugaard Jeppesen, Frederik Stjernfelt and Mikkel Thorup, eds, *Intellectual History. 5 Questions* (Copenhagen: Automatic Press, 2013), p. 143.

② Robert Darnton, "Intellectual and Cultural History", in M. Kammen ed., *The Past Before Us: Contemporary Historical Writing in the United States* (Ithaca, NY: Cornell University Press, 1980), p. 337.

③ Robert Darnton, "In Search of the Enlightenment: Recent Attempts to Create a Social History of Ideas", *The Journal of Modern History*, 43/1 (March 1971), pp. 113-132; *The Kiss of Lamourette: Reflctions in Cultural History* (New York: W. W. Norton, 1990).

其在学术史上的各种现代变体的启发，达恩顿所设想的各类工作都在他们的探讨范围内，并不拘泥于社会史、文化史或思想史之间虚假的区分。① 约翰·布罗是英国第一位担任思想史学科教授的人，他为思想史提供了一个更好的定义，认为思想史就是恢复"意义"的过程，亦即"当过去的人说某些事的时候他们的意图是什么，以及这些事对他们而言意味着什么"。② 布罗警告过，通常情况下，"学术标签最好是视为方便之计，而不是本质的名称"；不过，他给的这个定义已经是我们所见的最好的定义了，还有他所使用的隐喻也精彩至极，比如说，思想史学者如同一个窃听者，偷听过去的对话，又如同一个译者，充当今天能够感知的文化与过去的文化之间的中介，还像是一个探险者，探索那些陌生世界，那里充满了跟我们不一样的信念和预设。③

---

① Arnaldo Momigliano, *Studies in Ancient and Modern Historiography* (Oxford: Basil Blackwell, 1977); Anthony Grafton and Lisa Jardine, "Studied for Action: How Gabriel Harvey Read his Livy", *Past and Present*, 129 (1991), pp. 30-78; Anthony Grafton, "Momigliano's Method and the Warburg Institute: Studies in his Middle Period", in Peter Miller ed., *Momigliano and Antiquarianism: Foundations of the Modern Cultural Sciences* (Toronto: University of Toronto Press, 2007), pp. 97-126; Jacob Soll, "Intellectual History and the History of the Book", in Richard Whatmore and Brian Young, eds, *Companion to Intellectual History* (Oxford: Wiley-Blackwell, 2015).

② John Burrow, letter to Anthony D. Nuttall, 3 February 1978, Burrow Papers, Special Collections, University of Sussex Library, Box 11, "Correspondence T-Z", cited in Cesare Cuttica, "Eavesdropper on the Past: *John W. Burrow* (1935-2009), Intellectual History and Its Future", *History of European Ideas*, 40/7 (2014), pp. 905-924.

③ John W. Burrow, "Intellectual History in English Academic Life: Reflections on a Revolution", in Richard Whatmore and Brian Young, eds, *Advances in Intellectual History* (London: Palgrave Macmillan, 2006), pp. 8-24.

如此多的活动都可以纳入思想史的范畴，这就导致了该领域研究内容的不确定性。因此，一些历史学家甚至会说，根本不存在一个叫作思想史的学科，因为几乎所有历史都会涉及思想，通常表现为对于过去留下的书面文本的研究。这个说法是错误的。历史学家不可能不碰到思想，不过，针对思想的内容及其传播、翻译、扩散和接受的系统性研究，创造了思想史这个学科。自1950年以来，思想史作为人文学科和历史研究的一个独立分支，已经获得了自己的身份。

思想史最显著的特征就是其跨学科的性质。思想史家从来不觉得学科之间的界限有多么重要，除非这些界限是由他们的研究对象——产生思想的人所施加的界限。原因就在于，思想从来不会纯粹只是政治思想、哲学思想、经济思想，或是神学思想。因此，在大学的不同院系，如历史学、哲学、政府与政治学、国际关系学、古典文学、神学、英语、外语、经济学、行政学、社会学和人类学等院系，都可以看到思想史的从业者。这一现象在欧洲和北美的大学中尤为明显。也因为越来越多的学科放弃了实证主义的历史理解方式，不再一味强调自身领域的发展和进步，进一步推动了思想史的跨学科性质。思想史学者一般都拒绝这种历史理解，将其视为"现今主义"（presentism）、"目的论"和"时代倒错"的表现。如此导致的积极后果之一，就是让思想史家出现在各类研究领域之中，范围相当广泛。他们可能会发现，自己从事的是科学史、图书史，研究各种思想的传播与接受，也可能介入跨国史和全球史的研究之中。过去的思想史与现代早期欧洲政治思想的关系最为密切，但现

第一章 思想史的身份

在显然已经不再是这种情况了。

思想史的表现尽管非常多样,但在大众的想象中,它仍然是跟对大哲学家作品的深入研读密切相关的;杰出且有争议的德国历史学家弗里德里希·迈涅克说过这么一句话,研究过去的思想应该是从山峰到山峰的过程,以此来为研究这些"死去的白人男性"而辩护。在"国家理性"(reason-of-state)政治的支持者和反对者之间,关于国家利益与道德义务的冲突,可以很好地说明这一点。① 莱斯利·斯蒂芬,《国家传记词典》的创始人和几部思想史著作的作者,为研究那些过去出现的最高明的头脑而辩护,使用了"火炬是如何传递的"这一隐喻。② 斯蒂芬还认为,他的《国家传记词典》在记录"第二等"人物的思想方面也是有价值的,从而可以更好地反映"舆论史"(history of opinion)。这种研究取径显然与伟人历史观有相似之处,提到它,我们会首先想到黑格尔。如果历史的变革是因为伟大人物和伟大作者的行为而发生的,那么,普通大众以及在哲学上相对次要的人物,就有理由被忽视了,原因就是,作为历史行动者,他们所具有的重要性微不足道。在哲学史中,还出现了另一种辩护。哲学家们探讨的是永恒的问题。这些问题最好通过研究伟大的著作来进行探讨。针对伟大作品的论点进行

---

① Friedrich Meinecke, *Historicism: The Rise of a New Historical Outlook*, trans. J. E. Anderson (London: Routledge & Kegan Paul, 1972), 原初版本为 *Die Entstehung des Historismus* (1936); *Cosmopolitanism and the National State* (Princeton, NJ: Princeton University Press, 1970), 原初版本为 *Die Idee der Staatsräson in der neueren Geschichte* (1924)。

② Leslie Stephen, *The History of English Thought in the Eighteenth Century* (Cambridge: Cambridge University Press, 1876), p. 3.

深入的解析、研读和评价，是一种极有启发性的工作。这种方法在高校的哲学史研究中持续发挥着影响。课程设置主要围绕从柏拉图到约翰·罗尔斯（John Rawls）等伟大哲学家的作品进行学习和探讨。对这些文本的研究通常是不考虑历史背景的，学生被鼓励以批判的方式面对文本。这意味着，学生要对哲学家们关于正义、权利、道德和自由等问题的论点加以分析和评价，比如，看看这些论点对我们当前关心的同样的问题可能有什么贡献。能力较弱的学生可能会被引导去完成一些价值有限的工作。我偶尔遇到过，他们在探讨亚当·斯密对种族、阶级和性别的看法，但是在现代意义上使用这些词；答案是，斯密的看法并没有太多值得关注的内容，也无助于帮助我们理解斯密的世界或是我们自己的世界。[①] 聪明一点的学生，通过研究哲学家的代表作及其他文本，可以获得对哲学家的论点有所把握的感觉，还能够在一定程度上通过分析历史上那些哲学家的论断的优缺点，判断哲学家与我们所处时代的相关性。

思想史家有可能会被这种方法所吸引，但是本书所主张的论点之一就是，这种工作并不是思想史。约翰·布罗的自传《流动的记忆》（*Memories Migrating*，2009）提供了一则信息量非常大的轶事。布罗说，他在20世纪80年代访问堪培拉的澳大利亚国立大学时，马克思主义者尤金·卡门卡（Eugene Kamenka）在那里主持"思想

[①] 参见西尔维亚·塞巴斯蒂安尼对于这一主张的细致回应，Silvia Sebastiani, *The Scottish Enlightenment: Race, Gender, and the Limits of Progress* (London: Palgrave Macmillan, 2013)。

第一章 思想史的身份

单元的历史"(History of Ideas Unit)研究项目。他以为自己回到了思想家园，但是却震惊地发现，卡门卡对他关于白芝浩（Walter Bagehot）的研究不屑一顾，理由是像白芝浩这样的小人物对思想史而言贡献相当有限。布罗的反驳是，那些在哲学史上得到我们重视的人物，可能是以间接的方式获得了这一地位，而我们今天认为最重要的人在过去可能并没有受到同样的重视。简言之，今天的风气是偶然和意外的结果。这是思想史研究所传达的最重要的教益之一。

例子还可以举出很多。有一种观点认为，卢梭的《社会契约论》（Social Contract，1762）被普遍视为现代民主论述的基础性文本，证据就是它激励了以1789年法国大革命为高潮的民主革命时代的来临；众所周知，法国的革命者非常推崇卢梭。因此，卢梭及其伟大著作理应被纳入现代政治理论的经典作品清单之中。任何讨论重要思想和伟大哲学家的课程，都应该包括卢梭在内。然而，一旦在他自己时代的思想背景下研究卢梭，我们便会看到不同的图景。在卢梭的作品中，《社会契约论》是最不成功的一本。与他在1762年出版的《爱弥儿》等小说相比，这本书几乎无人问津。部分原因在于，这是一部未完成的作品，属于一个所谓"政治制度"的更大项目的组成部分，卢梭希望这一研究计划能够解释小国家如何在大型商业君主国主导的世界中生存和发展。卢梭的愿望并不是希望到处都能看到民主政府。实际上，他对民主制度有所批评，将民主视为"为神而非为人而设的政府"。卢梭坚信，只要人民集体拥有权利，可以接受或拒绝政府提出的立法，那么贵族政府优于民主政府。日内瓦的情况正是如此。这里是卢梭出生的地方，而他与这个

城市的关系非常复杂（这已经算是委婉的说法）。读者只需要阅读几部在《社会契约论》问世之前于日内瓦发表的作品，看看其中关于主权与政府之间区别的描述，就可以清楚地发现，卢梭的部分思想就来源于这些文献。更重要的是，显而易见，卢梭面临的主要问题是，他热爱欧洲的小国，认为由于大型商业君主国日益帝国化，军事力量膨胀，这些小国正处于危机之中。因而，他在阐述主权与政府之别时，所考虑的正是像日内瓦这样的小共和国。卢梭认为，商业在错误的条件下将会导致奢侈，而奢侈会破坏道德和宗教。他坚信，在大规模的国家中，人们会失去对人性的同情心，以及共同的身份感或集体的目标。卢梭的目标是做一些像弗朗索瓦·费内龙（François Fénelon）这样的作家之前尝试过的事情：使道德与商业社会相兼容，扭转现代社会政治日益腐败、个体日益自私和自我中心的趋势。卢梭相信，这样的目标只有在拯救欧洲小国的前提下才有可能实现。

正是当代生活的堕落和虚伪使得卢梭认为，像法国这样的国家永远无法被改革。她不可救药地陷入腐败。这意味着卢梭永远不会接受法国大革命；更具体地说，他永远不会接受这样一种论点——像法国这样一个腐败的大国也有可能转变为一个庞大的民主国家。要理解卢梭的政治思想，还必须阅读他围绕着《社会契约论》前前后后所写的作品，尤其是他的信件，在这些信件中，他回应了向他提出的无数建议、请求以及众多的批评。如果我们只阅读卢梭的《社会契约论》，而不研究他写的其他任何东西，或是与他相关的任何文本，由此构建出的卢梭，将是一个从来不存在的卢梭。更糟糕的结

第一章　思想史的身份

果是，我们根本无法理解他的任何论点。

卢梭当然可以被纳入思想史的课程中，或者说，任何有影响的思想家都有此资格。同时还要说，恰当地研究他，需要对他的作品、他的前辈的作品以及他同时代人的作品进行细致的审查。关键在于，我们不应过于简化地理解民主的历史，或者更宽泛地说政治的历史，将卢梭所说的民主与我们今天所做的事情直接关联在一起，以此来呈现卢梭对这一主题的"贡献"。即便是仅仅研究《社会契约论》一书，也意味着我们会被引导到宪法建设、政治实践，以及经济、宗教和法律之间关系的论述上来。因此，卢梭教导我们，研究政治时，不能对相关领域的思想茫然无知。重建卢梭对当时世界的宏观视野，我们才能获得对一个复杂思想体系的理解，这一体系必然会对我们自己时代的主流哲学构成挑战，但我们并不需要在这些哲学体系之间做出选择或取舍。

政治哲学家可能会对上述论证有所回应，认为在《社会契约论》的第三卷中，卢梭给出了一种对民主主权的辩护，视其为民主政府的对立面，这种辩护比以往关于民主的任何主张都更有力；此外，卢梭对于民主主权的愿景也可能适用于今天的政治。最近在约书亚·科恩（Joshua Cohen）的《卢梭：平等自由的共同体》（*Rousseau: A Free Community of Equals*，2010）一书中，我们就可以看到对这一论点的阐述。卢梭对腐败的商业社会的悲观态度可以暂且搁置，他关于一个为小国的安全而设的世界的愿望，也可以被忽略。为什么不继续将卢梭的民主思想作为一个标准，或者至少用它来引发对民主本质的讨论呢？换句话说，从历史上的作者那里，只是选取可

以视为与现在直接相关的思想,而对那些显然不相关的思想,则抛到一边,比如卢梭对女性的态度。尤其是在课堂教学方面,我并不反对政治哲学家可以随心所欲,不过,我想反驳的是,深入理解历史上某位作者所做的事情,最终将会使我们对他的政治理念有更复杂的认识,更有可能揭示出当代政治的局限。政治哲学家可能会反过来责问:"思想史家对当代政治理论有什么贡献呢?"

针对托马斯·霍布斯的著作,也可以提出类似的看法。霍布斯认为,宗教争端导致了英国内战,在《利维坦》的第三和第四部分中,他试图为终结这些争端提出解决方案,这部分内容涉及"基督教联邦"(Christian Commonwealth)和"黑暗王国"(Kingdom of Darkness),但是当下的哲学专业学生有时却被告知,这些内容不值得关注。然而,正是在此处,霍布斯相信他是在用最直接的方式回应自己所身处的世界,从中识别出哪些基督教的信仰和实践是与公民和平(civil peace)兼容并蓄的,哪些信仰能够得到《圣经》的支持,哪些则没有。专门研究霍布斯的学者们,包括诺埃尔·马尔科姆、昆廷·斯金纳和理查德·塔克,都有过细致的学术研究,已经表明如果不重建霍布斯所面对的知识世界的话,我们就无法理解他所提出的任何论点。① 另一个例子是亚当·斯密,他的《国富论》有时被称为现代经济学和新自由主义的源头。但是,斯密在其著作中始

---

① Richard Tuck, *Philosophy and Government, 1572-1651* (Cambridge: Cambridge University Press, 1993); Quentin Skinner, *Reason and Rhetoric in the Philosophy of Hobbes* (Cambridge: Cambridge University Press, 1996); Noel Malcolm, *Aspects of Hobbes* (Oxford: Oxford University Press, 2004).

第一章 思想史的身份

终对商业社会持严厉批评态度,并且说,当代欧洲的腐败商业可以追溯到由英国的重商主义体系所创造的强大的贸易贵族。斯密既不是变革的敌人,也不是自由市场经济的倡导者。在斯密看来,任何主张至少都有两个方面,他在处理法律创新提案时所持的独特的谨慎态度,甚至在当时引起人们的愤怒。比如民兵(militia)组织问题,受到斯密的朋友亚当·弗格森(Adam Ferguson)的积极倡议,他认为民兵的军事服务是维护公共美德和保护现代国家免受专制威胁的最可靠手段。而斯密在《国富论》中辩称,民兵在现代世界中毫无意义,只有职业军队才能保卫现代国家。与此同时,他又认为在地方上,人们参与民兵组织是对公众有益的事情。斯密可能一边谴责维持土地贵族地位的法律是有害的,尤其是长子继承制(primogeniture)和遗产限制(entail),另一边又认为,取代这些法律的计划完全不切实际。一方面,他认为理想状态是他所谓的"自然自由"制度,另一方面又认为,相信人类的发展必然依赖于自由贸易和财富的自然进步的看法是完全错误的。在现代世界中,商业的发展并不是自由市场的产物,而是在缺乏自由市场的情况下发生的。斯密对他的世界所持有的温和、冷静和平衡的观察视角,是在广泛研究他所谓"政治家或立法者的科学"之后的产物。这些科学之中,包括历史学、道德哲学、美学和法律,与政治学及政治经济学紧密结合在一起。通过部分思想史家的研究,我们可以了解到斯密论点的语境。比如克努兹·哈康森、伊斯特凡·洪特、尼克·菲利普森和唐纳德·温奇的作品,已经改变了我们对斯密在其著作中

所追求目标的理解，也改变了对他思想信仰的认识。① 在斯密去世后的几年里，就像我们在同样著名的作者身上常常看到的情况一样，革命派和反革命派都试图将斯密视为自己阵营的一员。埃德蒙·柏克和托马斯·潘恩同样确信，在18世纪90年代的政治斗争中，斯密会与他们并肩作战。实际上，斯密会反对柏克为支持土地贵族的法律所做的辩护，同时又会认为潘恩是一个危险的狂热分子和投机者。

本书将讨论的是，尽管思想史的身份是流动的，而且充满争议，但它源于通向过去思想的一种特别的取径，而不是遵循某一种哲学方法。理解这一点意味着，我们不仅要回顾思想本身的历史，更需要回顾思想史作为一个学科领域最近经历了什么样的发展变化。

---

① Knud Haakonssen, *The Science of a Legislator: the Natural Jurisprudence of David Hume and Adam Smith* (Cambridge: Cambridge University Press, 1989); *Natural Law and Moral Philosophy: From Grotius to the Scottish Enlightenment* (Cambridge: Cambridge University Press, 1996); István Hont, *Jealousy of Trade: International Competition and the Nation-State in Historical Perspective* (Cambridge, MA: Harvard University Press, 2005); Nicholas Philippson, *Adam Smith: An Enlightened Life* (Harmondsworth: Penguin, 2010); Donald Winch, *Adam Smith's Politics* (Cambridge: Cambridge University Press, 1978); *Riches and Poverty: An Intellectual History of Political Economy in Britain, 1750-1834* (Cambridge: Cambridge University Press, 1996).

第二章

思想史的历史

"一切历史都是思想的历史",这是哲学家、考古学家柯林武德说过的名言。在他的遗著《历史的观念》中,柯林武德论证,个人是自由行动的,从理性的角度思考他们所面临的选择,而这种选择仅受限于他们所处的意识形态背景——只有当历史学家认识到这一点,历史才成为一门科学。[①] 尽管任何时期都可以做思想史研究,柯林武德的意思并不是说,所有形式的历史研究都应该被视为思想史(他称之为 history of thought,或者用我们现在惯称的 intellectual history)的一个分支。在漫长的历史时期中,既有对于过去思想的崇敬,也有关于特定宗教教义的神圣历史,还有各种形式的祖先崇拜,但是这些东西并不等同于思想史。相反,我们可以确定一个时间点,从这个时间点开始,人们开始认识到过去应该被视为由不断提出的各种思想以及它们彼此之间的竞争所构成的。思想史成为

[①] R. G. Collingwood, *The Idea of History* (Cambridge: Cambridge University Press, 1946), p. 317.

一个学科,其中涉及对人类曾经经历过的,或是可能寻求经历的不同的未来加以思考。换句话说,从这时起,人们开始认识到人类生活并没有任何不变的本质特征,特定的经历会产生特定的思想,而这些思想可能在塑造人们的生活体验及其后续发展中发挥作用。柯林武德声称,我们现在所称的思想史,相对于他所谓的"剪刀加糨糊的历史学"是一种进步,或者,后者也被认为是根据"历史自然主义"而运作的历史,这意味着非人的自然力量的驱动。他认为,自己正在描绘的,是一场可以追溯到17世纪的研究方法的革命,这场革命逐渐认识到"历史思维,即对理性活动的思考,摆脱了自然科学的支配,而理性活动也摆脱了自然的支配"。① 太多的研究者在寻找类似于物理科学中的主导法则那样的历史法则,由此而迷失了方向。柯林武德相信,他正在引导历史学家走上正确的道路,前提是在社会科学的虚假法则与历史研究的恰当实践之间划出明确界限。

今天,大多数自称为思想史家的人都能接受柯林武德对这一学科的描述,尽管他们可能不完全同意历史已经成为或是应该追求成为一门科学的观点。从何时开始,过去被视为思想之间竞争的历史而加以研究,这一问题尚存在争议。可以举出一个观点,思想史一直属于人文研究(studia humanitatis)的一部分,后者与文艺复兴人文主义的兴起直接相关,其中尤其重要的是对古代文献的鉴定和辨伪,以及对文本的意义的解释。正如安东尼·格拉夫顿在其杰出

---

① Collingwood, *The Idea of History*, p. 318.

第二章 思想史的历史

的著作中所展示的,"历史之艺"(ars historica)的倡导者们所表达的主张预示了当今关于历史学性质的讨论,但是这一学术体裁在后来渐渐被遗忘了。① 对当时的大多数作者来说,对历史思想的审视,属于哲学的一个分支,每一项研究所提出的问题都涉及它们与哲学这一主导学科之间的关系。另一种观点认为,思想必须在其自身的历史语境中进行研究,而这一认识只有在相关术语被创造出来的时刻才能够被确认,这本身就意味着承认思想呈现出有规律性的变化。路德派的牧师约翰·雅各布·布鲁克(Johann Jakob Brucker)在他的《思想学说的哲学史》(*Historia Philosophicae Doctrinae de Ideis*, 1723)中,就是在上述意义上使用了"思想的历史"(history of ideas)一词,以此为折中主义哲学辩护。同样重要的是,维科(Giambattista Vico)在他的《新科学》(1725)中使用了这一术语,表达的是与"智慧的历史"(the history of wisdom)不同的含义。托马斯·里德的评论总是有最深刻的洞察力。他指出,虽然洛克的《人类理解论》(*Essay Concerning Human Understanding*, 1689)在布鲁克之前就让思想的研究广为人知,但是,正是布鲁克勾画出了这样一个新的领域。② 到 18 世纪末,"history of ideas"(思想史)这一术语已变得司空见惯,与它的流行同时出现的是哲学上的争议,即

---

① Anthony Grafton, *What Was History? The Art of History in Early and Modern Europe* (Cambridge: Cambridge University Press, 2007).

② Thomas Reid, *Essays on the Intellectual Powers of Man* (Edinburgh, 1785), p. 23; 又见 Anon, *The History of the Works of the Learned*, Issue 2, Article 12 (London, 1740), p. 179: "洛克先生的《人类理解论》……可以恰当地被称为一部关于思想史的论著。"

思想在多大程度上决定了行动，而这种关系又如何影响对人类本性的界定。① "intellectual history"（思想史）这一术语的出现，要晚得多。塞缪尔·约翰逊在其《英语词典》（*A Dictionary of the English Language*，1755）的前言中，将"情感的谱系"视为"一种思想史"，意思是指一个作者"模仿另一个作者的思想和措辞"的方式。但这是一个罕见的例子，只不过是对长期以来的文学实践进行定义的一次尝试。

唐纳德·凯利在一系列杰出的著作中阐述了理念（ideas）的历史及其研究史。他追溯了"理念"这一概念，如何从一个心理学或认识论的概念转变为一个应用于历史解释的概念。凯利揭示出，到了 19 世纪，折中主义者与实证主义者就思想的功能及其与社会科学的关系展开了争论。与今天的情况一样，站在怀疑论者对立面的，是那些声称"客观"的思想知识（其呈现方式极少涉及历史背景）有助于改变社会的人。与此同时，在大学的研究机构中，"历史学"开始被认为是一门独立的学科。② 凯利提出了一个值得赞许的观点，只有在认识到历史上的行动者的可能行动范围受到同时代思想文化的限制时，才有真正意义上的思想史存在。布雷斯劳的哲学家克里斯蒂安·加尔夫（Christian Garve）在 18 世纪 70 年代所主张的也正

---

① Knud Haakonssen ed., *The Cambridge History of Eighteenth-Century Philosophy*, 2 vols (Cambridge: Cambridge University Press, 2006).

② Donald R. Kelley, *Foundations of Modern Historical Scholarship* (New York: Columbia University Press，1970); *Versions of History: From Antiquity to the Enlightenment* (New Haven, CT: Yale University Press, 1990); D. R. Kelley ed., *History and the Disciplines: The Reclassification of Knowledge in Early Modern Europe* (New York: University of Rochester Press, 1997).

第二章 思想史的历史

是这一点。他指出,虽然在英格兰生活中可以识别出"公共精神"的观念,但是这一观念在德意志各邦并不存在,这种差异影响了各地政治家所面对的政治选择。① 正是从这个时候起,可以说理念从高深的柏拉图式高峰"降临"到日常语言的世界。

当然,加尔夫在很大程度上借鉴了大卫·休谟的《道德、政治与文学论文》(*Essays Moral, Political and Literary*,1742)和孟德斯鸠的《论法的精神》(*The Spirit of the Laws*,1748)。今天实践的这种思想史研究如果说有创始人的话,那么,休谟和孟德斯鸠比其他任何人都更有资格享有这一称号。这两位作者都不是怀疑论者或相对主义者。他们都认为,在人文的世界中,历史探究比解释更为重要。最关键的是,对休谟和孟德斯鸠而言,历史的核心内容是不同的生活观念及其彼此之间的不断斗争。在他们的历史研究中,思想的运动总是非常复杂的。意外的后果占主导地位。同样重要的是,在特定情况下以某种方式运作的思想,在不同条件下可能会以完全不同的方式运作。这就意味着,试图建立普遍适用的价值观是一种错误的想法。设想为世界立法也是愚蠢之举,因为在一个地方适用的法律到了其他地方会以不同的方式运作。差异是意识形态经历历史发展的产物。当我们想要寻求任何社会问题的解决方案时,必须认真对待思想及其后果的历史。这就是为什么休谟会提出如下建

---

① Donald R. Kelley, "Horizons of Intellectual History: Retrospect, Circumspect, Prospect", *Journal of the History of Ideas*, 48 (1987), pp. 143-169; "What Is Happening to the History of Ideas?", *Journal of the History of Ideas*, 51 (1990), pp. 3-25; *The Descent of Ideas. The History of Intellectual History* (London: Aldershot, 2002).

议：你只能根据历史行动者所处的思想背景来评判他们；妄下判断是没有意义的。

> 你对不同时代的各种风俗、各种习惯有没有包容和理解呢？你会用英国普通法来审判一个希腊人或罗马人吗？听听他用自己的信条为自己辩护，然后再做出判断。即便是那些看起来特别清白无辜、合情合理的行为和习俗，如果以一个当事人所不知道的标准来衡量，也可能变得令人厌恶或是可笑；尤其是，如果你运用一些技巧或修辞来强化某些状况，而弱化其他的条件，尽可能地符合你论述的目的，那么，结果就更为严重了。①

孟德斯鸠比休谟走得更远，他试图在世界范围内做出论证。孟德斯鸠在其杰出的《波斯人信札》（*Persian Letters*，1721）中批评路易十四，因而声名鹊起。该书讲述了来自奥斯曼宫廷的旅行者乌斯贝克（Usbek）和里卡（Rica）的故事，他们第一次访问法国，给家人写信，描述他们的所见所闻。孟德斯鸠凸显了外国人对一个社会的各种看法在多大程度上会受到他所固有的信念的影响。这使得孟德斯鸠能够指出他自己所处时代的欧洲那些令人震惊的现象，特别是宗教不宽容的严重程度、基督徒似乎永不疲倦地卷入战争，以及暴政被欧洲人普遍接受。孟德斯鸠花了更长的时间思考，才对法国的

---

① David Hume, "A Dialogue" and "An Enquiry Concerning the Principles of Morals", in *Essays and Treatises on Several Subjects*, 2 vols (London: T. Cadell, 1772), II, p. 392.

第二章 思想史的历史

未来发展给出建设性的结论，因为当时法国面临着重大抉择，或是建立一个以英国为样板的商业社会，或是致力于太阳王路易十四及其追随者所设想的法兰西帝国，或是其他不同的选择。在《论法的精神》中，孟德斯鸠利用思想史来抨击专制主义，拒绝了英国式的宪政与商业社会的结合。在该书第十一卷中，他指出，英国是历史上出现的最自由的国家，但是由于各国政治文化的根本差异，英国永远无法成为法国的榜样，而且也无法期待英国的自由持久地存在下去。通过对法国法律的思想史加以开创性的分析，孟德斯鸠提出了一种替代方案，为法国大革命之后围绕政治与贸易的辩论设定了条件。没有哪位思想史的研究者能像孟德斯鸠那样能力超群，那样雄心勃勃。

往往在人们对未来感到不确定的时代，观念史（history of ideas）或思想史（intellectual history）的研究会欣欣向荣，人们为了在怀疑主义、犬儒主义和提供历史终极方案或完美社会构想的乌托邦计划之外寻找其他出路，更倾向于回顾过去。因此，在20世纪的思想遗产中，观念史及其新的变体——思想史表现突出。这两个学科领域可以被看作20世纪对思想与历史过程之间关系的思考，在人文学科的研究中，这种探讨变得越来越重要。部分原因是人们对19世纪实证科学提出的主张越来越怀疑，这些主张的根基是认为人类活动是理性的，而且人类健康与福祉有普遍适用的标准。如果可以证明，两次世界大战的爆发，或是20世纪上半叶无与伦比的制度化的暴力，与19世纪自信满满的哲人们或是那些拒绝这些哲学主张的虚无主义者存在某种关联的话，那么，人文学科显然已经出了问题，需要我们重新加以思考。另一个重要的议题是，在大学内部，各学科之间的关系，尤其是社会科学的性质及其与艺术和人文学科的关系。语言决定了人类行为的每一个方面，越来越多的哲学家开始支持这一观点，与怀疑论者路德维希·维特根斯坦（Ludwig Wittgenstein）走到了一起。维特根斯坦在《哲学研究》（*Philosophical Investigations*）和《论确定性》（*On Certainty*）中描述了语言这种现象，它与人类行动的关系是如此密切，以至于可以说，行为者所使用的语言类型可能会限制或促进行为者的变革能力；语言实际上应该被视为行为。

实证主义的历史学，或者是模仿自然科学或某些社会科学方法的历史学，已经遭到了人们的怀疑，受此影响，历史学家们也开始主张，历史行动者的行为是被思想以及由语言实践所创造的文化所塑造的。已有若干观点，在政治光谱的各个层面上得到了广泛认同："符号形式"（symbolic forms）——即创造文化实践的思想——需要通过历史学来加以识别（恩斯特·卡西尔）；艺术需要被审视，以揭示其中包含的三层含义，最终进行图像学（iconology）的分析，解释艺术家在作品中想要表达的意图（欧文·潘诺夫斯基）；思想生活及其历史应该被视为一系列持续展开的"对话"（迈克尔·奥克肖特）；在文化中存在"视域"，这些视域对行动施加了限制（汉斯-格奥尔格·伽达默尔）；至关重要的是，要"进入"那些已逝作家的心灵（以赛亚·伯林）；社会根据知识的"范式转变"而发生变化（托马斯·库恩）。被历史学家普遍接受的主张是，应该去研究时代精神（Zeitgeist）、世界观、单元思想（unit ideas）、心态、文化霸权的具体例子、话语领域（fields of discourse）、符号系统、知识体系（epistemes）和关键词。

这些趋势本应创造出一个有利于思想史繁荣发展的环境。然而，正如费利克斯·吉尔伯特（Felix Gilbert）所指出的，在美国，思想史这一学科的建立花费了很长时间，直到1939年佩里·米勒（Perry Miller）的《新英格兰的精神》（*The New England Mind*）一书出版才宣告开始。① 20世纪60年代末首次开设专门讲授思想史的本科和硕士课程。第一个思想史讲席于1972年创建，第一个教授职位于1982年设立。所有这一切都发生在英国的萨塞克斯大学（University of Sussex），思想史作为一个学科领域出现了，具有重要意义的是，它是由多位学者共同创立的，其中包括一位历史学家、一位经济学家、一位哲学家、一位神学家和一位社会学家。随后，尤其是在对英国文学感兴趣的那些院系，思想史这一研究方向继续推进。

第一种专注于思想史的学术期刊在1936年创刊。该杂志的瑞典语标题为《灯：历史学会年刊》（*Lychnos: Lädomshistoriska samfundets årsbok*），由约翰·诺德斯特伦（Johan Nordström）编辑，他自1933年起在乌普萨拉大学担任新设立的"思想与知识史"（History of Ideas and Learning）教授。1940年，著名的《观念史杂志》（*Journal of the History of Ideas*）发行了创刊号。然而，其他专注于思想史研究

---

① Felix Gilbert, "Intellectual History: Its Aims and Methods", *Daedalus*, 100/1 (1971), pp. 80-97.

的期刊则要等到更晚的时候才得以问世。《思想史通讯》(*Intellectual History Newsletter*) 于 1979 年创刊,《欧洲观念史》(*History of European Ideas*) 于 1980 年创刊,《思想史期刊》(*Slagmark-Tidsskrift for Idéhistorie*) 于 1983 年创办,《公共事务:政治思想史杂志》(*Res Publica: Revista de Historia de las Ideas Políticas*) 于 1998 年创办。近年出现的刊物,包括《现代思想史》(*Modern Intellectual History*,2004)、《思想史评论》(*Intellectual History Review*,2007)、《思想史杂志》(*Zeitschrift für Ideengeschichte*,2007)以及《跨学科观念史杂志》(*Journal of Interdisciplinary History of Ideas*,2012)。换句话说,当我们讨论思想史作为一门学科的建立,实际上我们主要谈的是最近时期的发展。

在第二次世界大战后的某个时刻,"intellectual history"(思想史)这一术语开始取代"history of ideas"(观念史)这一旧术语,用来描述正在进行的研究。到 70 年代,可以明显看到在主要出版物中这些不同的术语被当作同义词来使用,比如《观念史词典》(*Dictionary of the History of Ideas*)就是一个例子。① 然而,关于术语的使用从未达成一致意见。有些研究历史思想的学者可能受到了——以后仍将继续受到——截然不同的哲学的启发,愿意选择"history of ideas"(观念史)或"conceptual history"(概念史)而不用"intellectual

---

① Philip P. Weiner, "Preface", in *Dictionary of the History of Ideas: Studies of Selected Pivotal Ideas*, 4 vols (New York: Charles Scribner's Sons, 1973-4), I, p.vii.

第二章 思想史的历史

history"(思想史),比如兼收并蓄的"概念史研究群"(History of Concepts Group)及其所办的期刊《概念史探索》(Contributions to the History of Concepts)。最近,达林·麦克马洪和彼得·戈登(Peter Gordon)提出的论点是,可能需要回归到传统的观念史研究视角,因为与特定时间的语境分析相比,传统方法能够更有效地处理长期的变化。①

"history of ideas"(观念史)这一术语在北美比较常见,这主要是由于洛夫乔伊(Arthur Onken Lovejoy)巨大的影响力所导致的结果。洛夫乔伊在1910—1938年间担任约翰斯霍普金斯大学的哲学教授,并创立了观念史俱乐部和《观念史杂志》。洛夫乔伊最著名的作品是1936年出版的经典著作《存在的大链条:一种观念的历史研究》(The Great Chain of Being: A Study of the History of An Idea)。他受到了观念史与分析化学之间类比的启发,致力于发现作为思想基础的"单元思想",抑或是化学元素。如今,洛夫乔伊最有可能被认为是一位批评家,手持手术刀(这是他所有的追随者都使用的比喻),切入那些具有特定思想意义的现有主张,揭示其中的多层含义,它们彼此之间往往缺乏一致性。洛夫乔伊把他的手术刀应用于威廉·詹姆斯及其后继者所代表的实用主义哲学,

---

① Darrin M. McMahon, "The Return of the History of Ideas", and Peter E. Gordon, "Contextualism and Criticism in the History of Ideas", in Darrin M. McMahon and Samuel Moyn, eds., *Rethinking Modern European Intellectual History* (New York: Oxford University Press, 2014), pp.13-31, 32-55.

也因此而闻名，但他始终坚持实用主义者的一种看法，亦即思想是解决问题的方法。① 就洛夫乔伊而言，其结果就是对涉及对立哲学体系的宏大叙事持怀疑态度。他相信大多数对立的哲学体系可以简化为贯穿人类历史的"单元思想"，这些"单元思想"随着时间流逝而演变，并在不同时间点根据人类社会所面临的问题改变其与其他单元思想的关系。洛夫乔伊想证明的是，思想并不遵循逻辑过程，而且思想永远不可能被简化为总结性定义，由此定义可以推导出思想之间"真实"的关系。以"存在的大链条"为例，他把这一观念追溯到柏拉图在《蒂迈欧篇》中的评论。柏拉图认为，上帝是全能的，因而会实现人类所有可能的现实；这就是一种关于充实性（plenitude）的单元思想，但无论是柏拉图还是他的后继者，都无法想象由此思想产生的各种主张和论点，也无法预见由此引出的渐进性和连续性的相关单元思想。② 洛夫乔伊在对"原始主义"（primitivism）这一单元思想的研究中，同样强调了类似的意想不到的后果，即对失落的乌托邦的渴望，其中又结合了对现状的蔑视。

简言之，通过他所做的研究，洛夫乔伊试图替代那些理性主义的、目的论的或专注于著名人物的历史研究方法，批评他的对手，

---

① Arthur O. Lovejoy, "The Thirteen Pragmatisms", *The Journal of Philosophy, Psychology, and Scientific Methods*, Part I (2 January 1908), pp. 5-12; Part II (16 January 1908), pp. 29-39.

② Arthur O. Lovejoy, *The Great Chain of Being. A Study of the History of an Idea* (Cambridge, MA and London: Harvard University Press, 1936); Daniel J. Wilson, "Lovejoy's The Great Chain of Being after Fifty Years", *Journal of the History of Ideas*, 48/2 (1987), pp.187-205.

第二章 思想史的历史

认为他们把历史描述为"一种完全基于逻辑的过程,其中客观真理按理性顺序逐步展现"。① 同时,他也关心拯救那些在思想史上被贬低、被忽视的人。作为一个怀疑论者和反传统者,洛夫乔伊始终支持公民自由,特别是学术生活中的言论自由权,唯独在支持共产主义的问题上是个例外。② 值得注意的是,除了所提问题的"趣味性",洛夫乔伊并没有为学术研究提供其他理由。

重要的是应该注意到,对于思想的研究——包括洛夫乔伊自己所做的研究在内——直接挑战了英语世界中所谓的辉格式史学,在这种史学方法中,自由被视为一种显而易见、可以获得、能够捍卫的价值。例如,在英格兰,自《大宪章》时代起,辉格式史学与亨利·哈勒姆(Henry Hallam)的《英格兰宪制史》(1827)、托马斯·巴宾顿·麦考莱(Thomas Babington Macaulay)的《詹姆士二世即位后的英格兰史》(1848),或与其他19世纪历史学家,诸如威廉·斯塔布斯(William Stubbs)、詹姆斯·安东尼·弗劳德(James Anthony Froude)、W. E. H. 勒基(W. E. H. Lecky)、J. R. 希利(J. R. Seeley)和J. B. 伯里(J. B. Bury)等人的作品关系密切。辉格式的方法假定历史是进步的,而且是线性发展的,这受到读者的赞扬,因为它们为美化国家的现状提供了合理论证,从而维持了历史学家作

---

① Lovejoy, "Reflctions on the History of Ideas", p. 21.

② Daniel J. Wilson, *Arthur O. Lovejoy and the Quest for Intel-ligibility* (Chapel Hill: University of North Carolina Press, 1980); John Patrick Diggins, "Arthur O. Lovejoy and the Challenge of Intellectual History", *Journal of the History of Ideas*, 67/1 (2006), pp. 181-208.

为知识分子,有时甚至是公共道德家的角色。① 辉格派的批评者提出的观点是,这种方法尽管很好,但是作为学术性的历史而言,结果并不可取。真正的历史学家必须怀疑宏大叙事,怀疑现在与过去之间假定的直接联系,怀疑基于万事逐步改善的假设而做出的目的论叙述。赫伯特·巴特菲尔德(Herbert Butterfield)在《历史的辉格解释》(1931)中提出了所有这些论点,攻击在进步、新教和自由之间假定的因果联系,在他看来,这是 19 世纪辉格式史学的根基所在。洛夫乔伊所设想的是不同的对手,他的敌人包括威廉·詹姆斯的实用主义,以及乔赛亚·罗伊斯等人撰写的理想主义的史学。对洛夫乔伊来说,历史发展不是线性的,其特征表现为他所谓的振荡,其中既包括智识生活遭到摒弃的时期,也包括它受到重视的时期。② 因此,将看似相关的不同时间点进行比较,可能是错误的做法。由于思想的反复振荡,寻找思想的起源,或是寻找特定现象的最早例子,可能是不可取的,至于目的论的取径,更是始终受到谴责。

自 20 世纪 50 年代以来,在联邦德国,以及随后在整个德语世界中,概念史(Begriffsgeschichte)引导了两代学者通过研究语言中使用的 120 多个概念来描绘政治和社会变革,其成果最终体现为多卷本的辞典《历史基本概念》(*Geschichtliche Grundbegriffe*),

---

① John W. Burrow, *A Liberal Descent: Victorian Historians and the English Past* (Cambridge: Cambridge University Press, 1981); Stefan Collini, *Public Moralists: Political Thought and Intellectual Life in Britain, 1850-1930* (Oxford: Oxford University Press, 1993).

② Lovejoy, "Reflctions on the History of Ideas".

第二章　思想史的历史

该辞典于 1972 年至 1997 年间出版，其中的词条解释是长篇文章。推动这一项目的人，最初是中世纪宪制史学者奥托·布鲁纳（Otto Brunner）和社会史学者维尔纳·孔泽（Werner Conze）。这一项目尤其凸显了意识形态背景与社会经济结构之间的关联，意在取代与精神史（Geistesgeschichte）和思想史（Ideengeschichte）有关的旧有学术方法，此前的方法均未强调文本的社会经济背景。布鲁纳的作品是这一项目的灵感来源。尤其重要的是他的著作《土地与领主权》(*Land and Lordship*)，首次出版于 1939 年，后来在 1941 年、1943 年和 1959 年修订再版。这本书基于这样一种见解：历史写作因将 18 世纪才形成的国家／市民社会区分应用于中世纪而被扭曲。与其说中世纪有一个行使法律、战争和税收权力的国家，不如说那时有一种超越性的正义或神圣权利的观念，所有人都服从于此。结果是，封建冲突并非自私和过于强大的个体之间私人战争的产物，而主要是按照那些以家庭和家宅健康为基础的正义和社区既定观念发生的，而到了 18 世纪，这些观念已经变得不再明显了。布鲁纳对德意志民族历史（Volksgeschichte）的研究，促使他寻求用一种能够形成真正共同体的人民（volk）的历史来取代他认为错误且道德破产的自由主义和民主主义的历史。布鲁纳支持纳粹，理由是他认为 19 世纪的资产阶级秩序只是历史上的偶然产物，注定要被国家社会主义所取代。概念史的方法使他能够批判宪政国家（Rechtsstaat），他相信 20 世纪 30 年代的意识形态力量正在谴责这种国家形式。二战后，布鲁纳承认自己错了。有利于他的一个事实是，他在 1943 年年底才成为纳粹党的成员，而且一直尽力保护犹太同事免受迫害。

什么是思想史

同样清楚的是，他发展出的技术可以更普遍地应用于批判德国"特殊道路"（Sonderweg）的概念，以及德国唯心主义与可在英国或法国思想传统中找到的享乐主义唯物论之间的差异。① 在思想史家莱因哈特·科泽勒克的领导下，概念史开始致力于解释现代德国思想的本质，以期避免那些利用虚假目的论的极端的意识形态。② 对于科泽勒克来说，1750—1850年间的德语世界发生了根本性的变化，他称这一时期为鞍型期（Sattelzeit），以表示从现代早期向现代世界的过渡。在社会和政治语言中，关键的概念发生了变化，包括"历史""民主""政治""革命""意识形态"和"市民社会"等等。虽然像"民主"这样的概念可以从古典时代追溯其意义，并被当今的使用者理解，但"国家"这一概念的意义已经发生了如此大的变化，以至于只有学者才能重新捕捉其多样性，并且追踪其转变。同样，值得注意的是，"进步""启蒙""恺撒主义""马克思主义"和"法西斯主义"这样的新词是在鞍型期创造的。在这个时期，这些术语与历史发展的不同阶段相关，被国家中较大比例的人群所接受，并被纳入那些设想重大改革或走向乌托邦社会的意识形态之中。概念变得更加抽象、更具普遍性而不

---

① James Van Horn Melton, "Otto Brunner and the Ideological Origins of *Begriffsgeschichte*", in Hartmut Lehmann and Melvin Richter, eds., *The Meaning of Historical Terms and Concepts: New Studies on Begriffsgeschichte* (Washington, DC: German Historical Institute, 1996), pp. 21-33; Keith Tribe, "The *Geschichtliche Grundbegriffe* Project: From History of Ideas to Conceptual History. A Review Article", *Comparative Studies in Society and History*, 31/1 (1989), pp. 180-184.

② Kari Palonen, "An Application of Conceptual History to Itself. From Method to Theory in Reinhart Koselleck's *Begriffsge-schichte*", *Finnish Yearbook of Political Thought*, 1 (1997), pp. 39-69.

第二章 思想史的历史

再那么具有描述性,并且在一个日益复杂的社会互动的世界中,比以往任何时候都更容易受强大意识形态的影响。概念史的承诺是使历史研究更加科学。这一目标是通过将思想研究与社会研究相结合来实现的,与后者相关的,是比勒费尔德大学的汉斯-乌尔里希·韦勒(Hans-Ulrich Wehler)等学者的工作。通过运用无可争议的研究技术,可以克服意识形态与实证研究之间的紧张关系。该项目具有争议性的一个迹象,是韦勒对概念史作为陈旧的理想主义的攻击。韦勒认为,概念史无法像运用社会科学最新方法的历史研究那样,帮助理解现代社会问题。作为回应,科泽勒克批评社会史具有目的论倾向,过于关注假定的现代德国历史特殊道路。

尽管面临挑战,概念史的伟大成就在于,它详细刻画了思想发生的意义变化,以及由18世纪思想运动引发的争议。特别是对科泽勒克而言,在启蒙时代之后形成的现代世界,其特征在于政治中的概念被日益抽象化使用,而且这些概念以民主和大众政治的名义被危险的意识形态所左右。科泽勒克将民主政府,或自认为以人民名义统治的政府对不断变革甚至立即变革的需求,与他在和平表象背后所看到的内战联系在一起。卡尔·施密特(Carl Schmitt)的影响力在将政治视为一场持续的战争的观念中表现得淋漓尽致,但与之相关的澄清概念以承认主导意识形态的愿望却被拒绝了。然而,对于需要审察的基本概念的识别,以及定义一个概念所需的证据,仍然存在不确定性。科泽勒克始终认为概念不能简化为语言;他的目标从来不是意识的历史(history of consciousness)。相反,必须确定

概念与现实之间的关系。① 换句话说，概念史的基础必须是一种关于思想与时间关系的理论，这种理论能够在那些随着时间回应真实事件的概念和那些引发社会变革的概念之间建立区分。科泽勒克在他的作品《过去的未来》中提供的正是这样的理论。② 不过，概念史的一个问题是，尽管科泽勒克的工作非常出色，仍然存在一个疑问：概念史的方法在多大程度上改变了现有的知识。《历史基本概念》这部著作的庞大体量和内容多样性，加上其词典式的编排方式，加深了这种不确定性。

与此同时，《历史基本概念》的深度，以及科泽勒克在分析"鞍型期"方面的显著成功，吸引了使用德语以外的其他语言的学者，继续开展相关的工作。哈维尔·费尔南德斯·塞巴斯蒂安（Javier Fernández Sebastián）的两部关于基本社会和政治概念的词典是这方面的范例，分别处理了19世纪和20世纪的西班牙思想。③ 另一个例子是成立于2004年的伊比利亚-美洲概念史项目，即 Iberconceptos（http://www.iberconceptos.net/en/）。该项目发展出一部概念词典，涉及1750—1850年间伊比利亚半岛和七个拉丁美洲国家的社会和

---

① Reinhart Koselleck, "A Response to Comments on the Geschichtliche Grundbegriffe", in Hartmut Lehmann and Melvin Richter, eds., *The Meaning of Historical Terms and Concepts: New Studies on Begriffsgeschichte* (Washington, DC: German Historical Institute, 1996), xv, pp. 60-71.

② Reinhart Koselleck, *Futures Past: On the Semantics of Historical Time*, trans. Keith Tribe (New York: Columbia University Press, 2004).

③ Javier Fernández Sebastián and Juan Francisco Fuentes, eds., *Diccionario político y social del siglo XIX español* (Madrid: Alianza Editorial, 2002); Javier Fernández Sebastián and Juan Francisco Fuentes, eds., *Diccionario político y social del siglo XX español* (Madrid: Alianza Editorial, 2008).

政治概念。计划十卷，已有两卷出版。① 此外，卡里·帕洛宁（Kari Palonen）的作品是概念取径的一个例证，它旨在探讨议会概念的历史，更广泛地说，是政治概念的历史。② 概念史研究在中国、芬兰、法国、荷兰、斯堪的纳维亚和拉丁美洲等多个地区迅速发展，这一点可以从最近的"欧洲概念史"项目中得到证实，该项目建立在已有的国家方法基础上。③ 尽管已经有强烈的呼声，但英语版本的概念史仍未启动。④

这里还需要提及另外一种研究取径，在20世纪60年代和70年代发展起来的历史文本研究方法，在北美的影响尤其广泛。这就是后结构主义或解构主义，这一取径质疑将文本置于历史背景中的做法。与之相关的，是雅克·德里达（Jacques Derrida）、吉尔·德勒

---

① Javier Fernández Sebastián ed., *Diccionario político y social del mundo iberoamericano, 1750-1850*, 10 vols (Madrid: Centro de Estudios Políticos y Constitucionales, 2009-).

② Kari Palonen, "Towards a History of Parliamentary Concepts", *Parliaments, Estates and Representation*, 32/2 (2012), pp. 123-138.

③ 'The European Conceptual History Project (ECHP): Mission Statement', *Contributions to the History of Concepts*, 6 (2011), pp. 111-116. 又见 Matti Hyväinen, Jussi Kurunmäi, Kari Palonen, Tuija Pulkkinen and Henrik Stenius, eds, *Käit-teet liikkeessä Suomen poliittisen kulttuurin käitehistoria* [Concepts in Motion. The Conceptual History of Finnish Political Culture] (Tampere: Vastapaino, 2003); Iain Hamp-sher-Monk, Karin Tilmans, Frank van Vre, *History of Concepts: Comparative Perspectives* (Amsterdam, Amsterdam University Press, 1998)。

④ 特别参见 Melvin Richter: *The History of Political and Social Concepts. A Critical Introduction* (New York and Oxford, 1995); "A German Version of the 'Linguistic Turn'; Reinhart Koselleck and the History of Political and Social Concepts (*Begriffsgeschichte*)", in D. Castiglione and I. Hampsher-Monk, eds, *The History of Political Thought in National Context* (Cambridge: Cambridge University Press, 2001), pp. 58-79; "Towards a Lexicon of European Political and Legal Concepts: A Comparison of *Begriffsgeschichte* and the 'Cambridge School'", *Critical Review of International Political and Social Philosophy*, 6/2 (2003), pp. 91-120。

兹（Gilles Deleuze）和米歇尔·福柯（Michel Foucault）等思想色彩各异的一群法国哲学家。正如德里达所说的，文本在作者缺席的情况下运作，并且可以仅仅通过对文本自身加以仔细地审察而获得对文本的理解。在他1967年发表的著作《论文字学》的第二部分中，德里达对这种方法做了著名的总结："文本之外，别无他物。"这种方法的支持者，如海登·怀特（Hayden White）和多米尼克·拉卡普拉（Dominick LaCapra），在重构一个时期的"心理气候"（mental climate）和拓宽思想史家所使用的材料方面发挥了重要作用，并且采用了从后结构主义和文学批评中借鉴的方法。① 这种研究取径的一个结果是关注思想的接受和转变，主张文本的历史远不止作者写作意图的历史。为了从历史上理解思想，有必要将文本置于其文化背景之中，并且将其历史作为一种文化力量和出版物的历史而加以研究。这种思想史非常接近文化史，重点是使用各种社会科学的方法来理解过去。接受了所谓"文化转向"的思想史，关注符号、实践、话语和物品。拉卡普拉在他的《历史及其界限：人类、动物、暴力》（2009）一书中认为，思想史的这种扩展使其与社会和政治问题有更加直接的关系，其中包括宗教、种族、殖民主义和性别等议题，而这些问题在前几代学者的研究中被视为边缘的东西。如此导致的一

---

① Hayden White, *The Fiction of Narrative: Essays on History, Literature, and Theory, 1957-2007*, ed. Robert Doran (Balti-more, MD: Johns Hopkins University Press, 2010); Dominick LaCapra, "Tropisms of Intellectual History", *Rethinking History*, 8/4 (2004), pp. 499-529; Roger Chartier, "Intellectual History or Sociocultural History? The French Trajectories", in Dominic LaCapra and Steven L. Kaplan, eds., *Modern European Intellectual History. Reappraisals and New Perspectives* (Ithaca, NY: Cornell University Press, 1982).

第二章　思想史的历史

个结果是，书籍史和思想的社会史已成为重要的研究领域。仍然有人在尝试定义一种能够调和社会科学家和思想史学家工作的历史研究方法。其中最新的成果之一，就是威廉·H. 休厄尔（William H. Sewell）的《历史的逻辑：社会理论与社会转型》（2005）。危险之处在于，对文化背景的关注可能会牺牲对文本本身论点的理解，这种缺陷还在继续困扰着采用这种视角的研究工作。

在这一领域，博学多才的米歇尔·福柯的著作也许是最具影响力的作品。福柯在1969—1984年间担任法兰西公学院思想体系史教授。福柯的早期作品，如《古典时代的疯狂史》（1961）或《诊所的诞生》（1963），批判了心理学史的虚假叙述，这些叙述自称是对"精神病患者"护理的理性研究，但在福柯看来，它们揭示了那些挑战资产阶级道德的人所遭遇到的控制方式。福柯继续发展出了一种适用于历史思想研究的哲学，体现在他关于社会科学史的著作《词与物》（The Order of Things）中。该书于1966年以"Les Mots et les choses"（《词语与事物》）为题首次出版，福柯在《知识考古学》（1969）中将其解释为"考古学方法"。通过历史考察，揭示出关于特定主题的系统性知识，福柯称之为"知识型"（epistemes）或话语结构。这些知识型受到潜藏在历史行为者意识之下的规则的支配，这些规则构成了一系列彼此关联的概念，赋予思想实质内容并决定了它们的界限。与这些概念相适应的思想范围是预设好的，历史行为者无法在这个框架之外想象其他的未来。如果说考古学方法揭示了彼此联系在一起的历史概念，那么系谱学方法则揭示了支配这些概念的偶然性和非理性因素，而非由理性的主体为解决社会问题而不断改进

什么是思想史

的人类科学所驱动。因此，思想史变成了"我们通过它来看待世界的表征体系"，在这个体系中，没有一个统一的主体可以被我们识别为意义的创造者。

在《规训与惩罚》（1975）中，福柯的方法展示了它的力量。在这本书中，福柯勾勒出一种历史，即酷刑和处决作为惩治罪犯的手段如何被现代社会控制方法所取代。他主张，现代社会控制方法也可以在现代监狱、学校和医院中找到，它们基于观察、规范化和再观察的原则。英国哲学家杰里米·边沁在18世纪设计的全景监狱，其构想是能够"让流氓变得诚实，让懒惰者变得勤劳"。① 它的特点是从一个观察点可以看到所有犯人，而犯人则无法从各自独立的牢房中看到彼此。福柯指出，全景监狱通过惩罚和奖励的过程来消除越轨行为，并认为它是现代社会组织的模型。在过去，知识可能曾经是权力的工具，但在现代世界中，个人要接受测试和评估，以确保他们所理解的知识与维持社会控制的实践相一致。这样的社会状态并非一群人精心策划、旨在统治人类的宏大计划的产物，而是像所有历史一样，是偶然性和意外因素共同作用的结果。在生命的最后岁月，众所周知，福柯将他的系谱学方法应用于性史研究。②

---

① Jeremy Bentham to Jacques Pierre Brissot de Warville, 25 November 1791: *The Correspondence of Jeremy Bentham: October 1788 to December 1793*, 12 vols, ed. Alexander Taylor Milne (London: Athlone Press, 1968-2006), IV, pp. 341-342 (Letter 821).

② Herbert L. Dreyfus and Paul Rabinow, *Michel Foucault: Beyond Structuralism and Hermeneutics* (Chicago: University of Chicago Press, 1983); Alasdair MacIntyre, *Three Rival Versions of Moral Enquiry: Encyclopaedia, Genealogy, and Tradition* (Notre Dame, IN: University of Notre Dame Press, 1990).

第二章 思想史的历史

福柯的大部分已出版著作已成为经典。他的作品在激发科学思想史领域的研究方面具有特别的影响力，尤其是因为他关于知识获取及其认知的"知识型"概念，可以被解读为与托马斯·库恩在《科学革命的结构》(1962)中提出的"范式"概念有关联。与此同时，随着他在法兰西公学院的讲座（内容包括政治思想史和国际关系史等主题）的出版，读者对于福柯的兴趣进一步得到激发。[1] 然而，福柯主张的系谱学分析过程受到了挑战，理由是他本人未能遵守他所宣称的去中心化主体的方法；他被指控过于沉迷不连续性，并且他创造的知识考古学中的每一个方面都可能受到质疑。在其他批评者看来，福柯并没有成功地为他的研究界定目标。他们强调，尽管当代世界应当从系谱学的视角进行评价，但这种方法却无法引领社会的改革或改进。[2] 在拓宽思想史研究的领地方面，福柯的成就毋庸置疑。他的作品激发了一系列关于性别、身份、权力和科学的历史思想研究，例如爱德华·萨义德的《东方主义》(1978)和伊恩·哈金（Ian Hacking）的《驯服机会》(*The Taming of Chance*, 1990)。[3]

---

[1] Michel Foucault, *Security, Territory, Population: Lectures at the Collège de France, 1977-1978* (London: Palgrave MacMil-lan, 2007).

[2] Jürgen Habermas, "Modernity versus Postmodernity", *New German Critique*, 22 (1981), pp. 3-14; Biddy Martin, "Feminism, Criticism and Foucault", *New German Critique*, 27 (1982), pp. 3-30; J. G. Merquior, *Foucault* (London: Fontana, 1985); David Macey, *The Lives of Michel Foucault* (London: Hutchin-son, 1993); James Miller, *The Passion of Michel Foucault* (London: Harper Collins, 1993); Mark Lilla, *The Reckless Mind: Intellectuals in Politics* (New York Review of Books, 2003).

[3] David A. Hollinger, "The Disciplines and the Identity Debates, 1970-1995", *Daedalus*, 126 (1997), pp. 333-351.

列奥·施特劳斯在《迫害与写作艺术》（*Persecution and the Art of Writing*，1952）一书中提出了一种研究历史文本的不同方法。他认为，对伟大作家的作品进行深入审视时，可以清楚地看到这些作者采用了隐晦的写作手法，即他们试图向同样博学的学者传达的真实意图往往被故意的晦涩和矛盾所掩盖。作者对压迫的恐惧，导致其写作呈现出这样一种方式：对普通读者传达一种意义，而对哲学技巧高超的人——即精英群体的成员——则传达完全不同的意义。施特劳斯确信，迈蒙尼德（Maimonides）和斯宾诺莎就是以这种方式写作的，表面上他们主张理性和启示可以调和，但实际上却持相反的观点。如此，他们界定了施特劳斯所谓的"现代性的神学－政治困境"，或"耶路撒冷与雅典"之间的冲突，亦即古代与现代之间的对立，这一冲突来源于早期现代试图在神学与政治分离的基础上创造一个世俗世界的尝试。这一过程始于将知识提升到科学或理论的地位，但其失败导致了关于世界的任何确定性的丧失，在这种情况下，所有知识变得相对化，仅仅被视为历史性的和需要审慎对待的。施特劳斯认为，这一故事可以追溯到霍布斯对前科学知识的贬低，并最终导致了一种相对主义，这种相对主义促使像马丁·海德格尔这样的哲学家倒向纳粹，在1933年成为弗赖堡大学的校长。①

解决问题的方案并非回归对启示的信仰，或如查尔斯·施密特

---

① James F. Ward, "Political Philosophy and History: The Links between Strauss and Heidegger", *Polity*, 20/2 (1987), pp. 273-295.

第二章 思想史的历史

（Charles Schmitt）①式的政治神学，而是要认识到过去的思想家对现代重大困境的贡献。施特劳斯效仿洛夫乔伊，偏爱使用"观念史"（history of ideas）一词，并指出，历史性地处理思想对于理解当今政治至关重要。②历史研究与理解现代世界之间存在直接的联系，即使这种联系并不直接提供解决问题的方法，这也使得施特劳斯的研究既令人兴奋又具有相关性。导致的一个结果是，他吸引了大量追随者，他们将他的方法应用于政治、哲学和文学思想等不同领域。③于是有人提出了一个大胆的主张，即施特劳斯是自20世纪80年代以来美国政治向右转的幕后推手。有人提出，受到施特劳斯的激发，他的门徒们制定了一种新保守主义哲学，这种哲学谴责自由主义和多元主义，利用宗教来培养民粹主义的民族主义，并且沉迷于将危机视为当今政治的核心描述。有人说，了解施特劳斯及其追随者（施特劳斯主义者），弄清他们不同的学派分支，就是"通往美帝国主义思想后台的通行证"。④

施特劳斯和他的追随者吸引来了很多批评者，他们不仅质疑追

---

① 查尔斯·施密特（1933—1986）是著名的英国历史学家和哲学家，以研究文艺复兴时期的哲学和科学史而闻名。他曾在英国和意大利的多所大学任教，并撰写和编辑了多部关于文艺复兴时期思想史的著作。——译者注

② Leo Strauss, *What is Political Philosophy and Other Studies* (Chicago: University of Chicago Press, 1988 [orig. 1959]), p. 74.

③ Lawrence Lampert, *The Enduring Importance of Leo Strauss* (Chicago: University of Chicago Press, 2013).

④ Shadia B. Drury, *Leo Strauss and the American Right* (New York: St Martin's Press, 1997); Anne Norton, *Leo Strauss and the Politics of American Empire* (New Haven, CT: Yale University Press, 2004).

求所谓隐微书写的价值,而且质疑即便发现这样的写作形式,它们在解释早期现代思想和现代思想的本质方面有多大意义。① 其中一个问题是,隐微分析的开放性,使得在不同解释之间做出裁决变成了难题。有一个相关的例子,施特劳斯作为自由主义的批评者,曾在20世纪30年代以隐晦的方式写信给卡尔·施密特,有争议的推论是,施特劳斯对施密特观点的兴趣可以用来为今天对施密特的研究提供辩护,尽管施密特支持国家社会主义。② 确实,很难弄清楚例如马基雅维利的数字玄学的意义,包括他对数字13及其倍数的关注,或是施特劳斯的读者注意到的事实,即他关于《君主论》的章节由26个段落组成到底有何意义。③ 施特劳斯的研究取径,可以作为批判马基雅维利和马基雅维利主义的基础,但对隐微的强调意味着任何结论仍然是不确定的。从某个角度来看,施特劳斯可以被认为是近几十年来最具影响力的思想史家,但同时,他的方法和他试图传达的信息依然存在争议;也许,这正是他最希望看到的。对于某些

---

① J. G. A. Pocock, "Prophet and Inquisitor: Or, a Church Built upon Bayonets Cannot Stand: A Comment on Mansfield's 'Strauss's Machiavelli'", *Political Theory*, 3/4 (1975), pp. 385-401; Robert L. Howse, "Reading Between the Lines: Exotericism, Esotericism, and the Philosophical Rhetoric of Leo Strauss", *Philosophy and Rhetoric*, 32 (1999), pp. 60-77; Adrian Blau, "Anti-Strauss", *The Journal of Politics*, 74/1 (2012), pp. 142-155.

② Heinrich Meier, *Carl Schmitt and Leo Strauss: The Hidden Dialogue*, trans. J. Harvey Lomax (Chicago: University of Chicago Press, 1995); Robert L. Howse, "From Legitimacy to Dictatorship and Back Again: Leo Strauss's Critique of the Anti-Liberalism of Carl Schmitt", in David Dyzenhaus ed., *Law as Politics: Carl Schmitt's Critique of Liberalism* (Durham, NC: Duke University Press, 1998), pp. 56-90.

③ Leo Strauss, *Thoughts on Machiavelli* (Chicago: University of Chicago Press, 1958), pp. 54-84.

第二章 思想史的历史

施特劳斯主义者来说,施特劳斯并非左派所批评的"邪恶的导师",而是自由民主制度的朋友,但他极其清醒地认识到——部分原因在于他的犹太背景——自由民主制度面临的相对主义和虚无主义的挑战。① 关于施特劳斯及其遗产的讨论正在产生越来越多的研究,近年来已有优秀的专门指南出现。②

这里要描述的最后一种研究取径是语言语境主义(linguistic contextualism)。要理解这种思想史的方法,就必须回归到柯林武德的《历史的观念》一书,以及他提出的论点:仅仅通过他所谓的"外部"事件,即关于人的身体及其行动的事实,是无法理解过去的。此外,还需要描述行动的"内部",即行动与其(后来被称为)意识形态背景之间的关系。柯林武德给出的著名例子是尤利乌斯·恺撒的遇刺。这次谋杀可以描述为,3月15日恺撒在庞培剧院附近遇袭,刀刺入他的身体,随之血流如注。然而,这并不能解释为什么事情会发生。理解恺撒之死,需要了解恺撒及其敌人盖乌斯·卡西乌斯·朗基努斯和马库斯·尤尼乌斯·布鲁图斯的思想。恺撒被杀是因为他最近升到了终身独裁者的位子上。他被视为暴君,他所倡导的政治理念与刺杀者对罗马共和国本质和宪法法律的看法相抵触。简而言之,为了达到任何形式的历史理解,重构历史行为者表达的

---

① Catherine Zuckert and Michael Zuckert, *The Truth About Leo Strauss. Political Philosophy and American Democracy* (Chicago: University of Chicago Press, 2006).

② Thomas L. Pangle, *Leo Strauss. An Introduction to his Thought and Intellectual Legacy* (Baltimore, MD: Johns Hopkins University Press, 2006); Daniel Tanguay, *Leo Strauss: An Intellectual Biography* (New Haven, CT: Yale University Press, 2007).

思想是必不可少的。正如昆廷·斯金纳后来所说，柯林武德表明了"思想史不应被视为试图回答一套标准问题的一系列尝试，而应被看作是一连串的情节，其中问题和答案都经常发生变化"。①

在柯林武德的著作问世三年后，彼得·拉斯莱特（Peter Laslett）为17世纪的君主神权论者罗伯特·菲尔默（Robert Filmer）的政治著作集编订了一个新的版本。随后他又投入了数年时间，致力于一项重大的工作：为约翰·洛克的《政府论》编辑考证版，该版本于1960年问世。拉斯莱特试图确定文本的创作时间，他利用从当时通信和评论中提取的证据揭示了菲尔默的《父权制》是在他的其他作品之前创作的，但直到他去世后，即1679—1680年间，才得以出版。洛克关于政治思想的经典著作，传统上被解释为对1688/1689年"光荣革命"的伟大辩护，在1690年付梓。而拉斯莱特揭示了《政府论》大约是在1681年写成的，当时像洛克这样的辉格党人正考虑对斯图亚特王室采取暴力行动。拉斯莱特的版本引发了历史学家对于作者在写作文本时的意图与其出版目的之间关系的疑问，从而导致了对17世纪晚期政治思想的全面重新评估。柯林武德要求历史学家从历史人物所处的时代去思考他们的思想，而拉斯莱特则认为，可以从文本证据中重构作者的意图，这导致了后来所谓的"剑桥学派"的建立，该学派正是基于一种新的历史研究实践方法的提出。随后，相继出现了对现代早期和现代政治思想的实质性的重新

---

① Quentin Skinner, "A Reply to My Critics", in James Tully ed., *Meaning and Context: Quentin Skinner and his Critics* (Cambridge: Polity, 1983), p. 234.

第二章 思想史的历史

解释,其中包括约翰·波考克和卡罗琳·罗宾斯(《18 世纪的共和主义者》,1959)、费利克斯·吉尔伯特(《马基雅维利与圭恰尔迪尼:16 世纪佛罗伦萨的政治与历史》,1965)、约翰·布罗(《进化与社会》,1966)以及伯纳德·贝林(《美国革命的思想起源》,1967)等人的著作。波考克的《古代宪法与封建法》已经被证明具有特别重要的影响力。他强调了英国律师在历史研究方面受到的限制,他们沉迷于古老的习惯法和古老的宪法观念,与他们的法国同行相比,这种观念在很大程度上抑制了他们的历史探索。16 世纪和 17 世纪的英国律师对历史着迷,但他们对过去的态度本质上是非历史的。对于法国人来说,罗马法遗产与法国各省的习惯法之间的对比,促进了对法律的跨时代比较研究。代表人物如君主反对者弗朗西斯·霍特曼(Françis Hotman),他关于封建土地持有权的著作《论封建》(*De Feudis*)于 1572 年问世。波考克描绘了亨利·斯佩尔曼爵士(Sir Henry Spelman)的《考古学词典》(*Glossarium Archaeologicum*,1626)问世后所引发的革命,该书追溯了封建保有权的兴衰,进而促进了詹姆斯·哈林顿(James Harrington)《大洋国》(*Oceana*,1656)中新型政治思维的出现,其中土地所有权决定了政治结构的运作。通过展示对过去的看法如何在早期现代时期既塑造又限制了政治理论,波考克提供了最详细的例证,说明正在产生的新型历史。①

---

① J. G. A. Pocock, *The Ancient Constitution and the Feudal Law: A Study of English Historical Thought in the Seventeenth Century: A Reissue with a Retrospect* (Cambridge: Cambridge University Press, 1959; repr. 1987).

波考克、罗宾斯、布罗、贝林及其同时代人强调了政治论辩中的不连续性、未预料到的后果、悲剧性的失败和被遗忘的传统；他们研究了"次要"的人物，并用他们来阐明在那些传统上被奉为权威的学者所忽视的思想要素；他们反对整体性的叙述，或是那些受到哲学家的历史观影响的叙述，尤其是卡尔·马克思的观点。辉格派历史观受到了猛烈的批评。具有讽刺意味的是，也被包括在辉格派之内，尽管他明确反对目的论的写作。对马克思和马克思主义的反对显然刺激了许多思想史家。他们拒绝了一种较为粗糙的马克思主义，即认为思想是物质力量的衍生品，因此可以被忽视，这种观点曾经长期主导法国大革命的史学研究。思想史家还批评了将思想描绘成经济运动衍生物的更为微妙的表现，例如埃里克·霍布斯鲍姆的作品。正如 J. H. 埃利奥特所确认的那样，重要的是这样一点认识："从经济和社会的角度解释历史在二战后的时期占主导地位，即使是反马克思主义的休·特雷弗－罗珀也在同一参考框架内构建了他的回应（参考他回应霍布斯鲍姆关于 17 世纪'普遍危机'的文章）。"① 昆廷·斯金纳也指出，他关于方法论的早期著作，其核心目标就是反对当时占主导地位的马克思主义的思想研究方法。② 其他一些思想史家则在马克思的著作

---

① J. H. Elliott, *History in the Making* (New Haven, CT: Yale University Press, 2012), p. 64.

② Quentin Skinner, "Quentin Skinner on Meaning and Method", *The Art of Theory: Conversations in Political Philosophy*. "我感到失望的是，几乎没有人关注我认为最重要的，或者至少是我试图表达的最新颖的观点，那就是这篇文章旨在批评当时非常流行的马克思主义意识形态理论。"参见网址 http://www.artoftheory.com/quentin-skinner-on-meaning-and-method/.

第二章　思想史的历史

中努力寻找，试图找出哪些内容可以采纳，应用于从思想史的视野看待世界。这种方法典型地体现在弗兰科·文图里（Franco Venturi）的作品中，他的《改革者的 18 世纪》（*Settecento riformatore*）在 1969—1990 年间以五卷本出版。关于 18 世纪及以后时期历史思想的研究，文图里的著述质量可以从他在剑桥的演讲中窥见一斑，这些演讲后来以《启蒙时代的乌托邦与改革》为名出版（1971）。[①]文图里在意大利的许多同事和追随者，从朱塞佩·贾里佐到富里奥·迪亚兹，从吉罗拉莫·因布鲁利亚到埃多阿多·托尔塔罗洛和曼努埃拉·阿尔伯托内，都强调思想史是一个体现跨学科性的学科，使得实践者能够从全球视角解决历史问题。[②] 他们强调参与实际政治具有同等的重要性，这一点是他们与许多英国同行不同的地方。[③]

从 20 世纪 70 年代以来，语言语境主义者在思想史家中已成为主导群体。他们的事业取得了成功，一代学者自信地声称自己是思

[①] 关于文图里和他的影响，参见 Manuela Albertone ed., *L'idea di repubblica nella riflssione storica di Franco Venturi* (Naples: Bibliopolis, 2006)。

[②] Giuseppe Giarrizzo, *David Hume politico e storico* (Turin: Einaudi, 1962); Furio Diaz, *Dal movimento dei lumi al movi-mento dei popoli. L'Europa tra illuminismo e rivoluzione* (Bologna: Il Mulino, 1986); Girolamo Imbruglia, *L'invenzione del Paraguay: Studio sull'idea di comunità tra Seicento e Settecento* (Naples: Bibliopolis, 1987); Edoardo Tortarolo, *Philip Mazzei: An Italian in the Creation of the United States* (Boston, MA: Pirandello Lyceum Press, 1988); Manuela Albertone, *National Identity and the Agrarian Republic: The Transatlantic Commerce of Ideas between America and France (1750-1830)* (Farnham: Ashgate, 2014).

[③] Franco Venturi, *Comunismo e Socialismo. Storia di un'idea*, ed. M. Albertone, D. Steila, E. Tortarolo and A. Venturi (Turin: University of Turin Press, 2015).

想史家,建立了专业协会,在这一领域获得了学术职位。在1962—1969年间,约翰·波考克、约翰·邓恩和昆廷·斯金纳——他们当时都与剑桥大学有联系——发表了他们捍卫语言语境主义的主张。正如布莱尔·沃登(Blair Worden)那句令人难忘的话所表达的,他们使得剑桥大学"既是革命的灵感来源,也是革命的工厂"。[①]他们的方法论著作已被视为思想史实践的经典陈述。

波考克、邓恩和斯金纳都提出,应视文本为特定历史情境的产物,这里的情境指的是通过语言实践形成的意识形态情境。在阐释文本的意义时,邓恩和斯金纳将作者的意图视为文本性质的重要指南,尽管将这一点作为学术目标并非没有问题,而且也不足以凭此理解一个作者的作品。在这一时期与众不同的是,波考克将范式置于意图之上。[②]斯金纳表示,历史学家的目标是揭示特定文本的作者"在做什么",包括作者意图做的事情,以及根据其他作者的反应来判断,他做成了什么事情。斯金纳论文的原始标题——"政治思想史中经典文本的非重要性"——预示了这种方法的一个预期后果。[③]由波考克、邓恩和斯金纳提出的最重要的主张,特别是波考克在他的各种有关方法论的著述中着重强调的一点是,作者所使用的语言或话语,即作者在阐述其论点时采纳和使用的一套假设,限制

---

① Blair Worden, "Factory of the Revolution": review of Quentin Skinner's *Liberty before Liberalism*, *London Review of Books*, 20/3 (1998):, pp. 13-15.

② J. G. A. Pocock, *Politics, Language and Time: Essays on Political Thought and History* (Chicago, IL: University of Chicago Press, 1971), p. 25.

③ Petri Koikkalainen and Sami Syrjämäki, "Quentin Skinner. On Encountering the Past", *Finnish Yearbook of Political Thought*, 6 (2002), pp. 34-63.

第二章 思想史的历史

了论点本身。包含一套语法和一种修辞在内的语言或话语，关于思想的使用及其意涵的一系列假设，这些东西共同构成了一个复杂的结构。生活在语言使用者社群之中的作者可以创新和改变现有的语言，但是关键在于去寻找这些创新和改变的过程，因为现有语言正在被用来表达当前的意识形态和物质世界的状况。这三位学者都反对的方法是，将固定的历史分析概念作为前提，相信关于人性的元理论假设，或是使用晦涩的、非历史的理论词汇。

在历史学界，将政治文本中的言论视为"言语行为"（speech acts）的尝试，目标之一是将其类比于同行历史学家所分析的"行为"（acts）。例如，对于波考克来说，研究社会行为意味着学习特定时期的争议语言，如围绕17世纪英格兰的古代宪法的争议。① 通过言语行为进行交流时，个人在构建论点时会利用现有的传统或语言。在波考克看来，如此操作，语言便获得了一种结构，通常称为话语，这些结构由个人在特定社会和历史情境中执行的一系列言语行为组成。这些言语行为对它们所处的话语或范式加以确认或修改，有时是有意识地、明确地，有时是无意识地、隐含地。② 从事研究工作的历史学家需要寻找历史上运作的范式或话语，例如在早期

---

① J. G. A. Pocock, "The History of Political Thought: A Methodological Inquiry" and "The Reconstruction of Discourse: Towards the Historiography of Political Thought", in *Political Thought and History: Essays on Theory and Method* (Cambridge: Cambridge University Press, 2009), p. 13.

② J. G. A. Pocock, "Languages and Their Implications: The Transformation of the Study of Political Thought" and "On the Non-Revolutionary Character of Paradigms: A Self-Criticism and Afterpiece", in *Politics, Language and Time: Essays on Political Thought and History*, repr. edn (Chicago, IL: Chicago University Press, 1989), pp. 3-41, 273-291.

现代时期跨越大西洋世界推动争论的共和主义,以及在 18 世纪同样突出的对古代宪政主义或启蒙历史学的倡导,可以见于阿民念派①、安立甘派(Anglican)和伏尔泰式(Voltairean)的各种变体形式之中。②

这些范式正是在使用过程中变得重要,影响到历史行为者的特定的思维方式。关键事实是,可以在不同情境中看到这些范式的演化和转变,有时甚至会解体和消失。波考克的工作涉及对一系列范式的兴起和近乎消失的研究。在波考克看来,遵循这种方法的学者能够发现多种为特定政治策略辩护的理由,并了解到,在任何一个时刻,常常会存在彼此矛盾的多种理由,这些理由在历史行动者看来是合理的,并因此得到相应的正当化。从而,历史学家学会了审慎行事。历史学变成了对各种决策的研究,而这些决策是在没有绝对的黑白分明的情况下做出的。无法找到必然性。相反,历史成为一系列偶然的选择,其中有部分是合理的。审慎行事,要求历史学家在二者之间做出分辨,即作者在构建其思想时所依赖的背景意识形态传统或语言,以及构成某一主张或论点的具体表达。波考克区

---

① 阿民念派(Arminian)或阿民念主义(Arminianism),是基督教新教神学的一派,由荷兰神学家雅各布斯·阿民念(Jacobus Arminius)提出。阿民念派的追随者共同编写了一份名为《抗辩》的文献,简述他们反对加尔文主义的五点反对立场,因此他们也被称为"抗辩派"。——译者注

② J. G. A. Pocock, *The Machiavellian Moment: Florentine Political Thought and the Atlantic Republican Tradition* (Princeton, NJ: Princeton University Press, 1975; repr. 2003); *Barbarism and Religion Volume Two: Narratives of Civil Government* (Cambridge: Cambridge University Press, 1999); *Barbarism and Religion Volume Three: The First Decline and Fall* (Cambridge: Cambridge University Press, 2003).

第二章　思想史的历史

分了"langue"和"parole",即语言和言论,并在他所有的作品中不断地提到这一区别。①

在为新的实践做出的辩护中,斯金纳的《思想史中的意义与理解》("Meaning and Understanding in the History of Ideas",1969)无疑是最具战斗性的。这篇论文极为清晰地识别了对手,并以特别的力度批评了那种将经典文本描述为"唯一的研究对象"、视其为包含"不受时间限制的智慧"的观点。一般假定,有些经典作者确定了至今仍在运作的政治哲学的发展方向,而且他们之间存在联系,而斯金纳批评了这一主张。他认为,这种看法是把过去的作者不可能拥有的概念归于他们名下(犯了时代倒错之罪),并且从历史上的作者的作品中寻找某些论点的预兆或早期表达,但实际上这些论点无法在他们所研究的文本中找到(犯了预设之罪)。斯金纳要求将文本中的论点视为在历史中施行的行为。应该将这些论点与当时的论述相关联,与作为背景的语言环境联系在一起。如此一来,就可以看出某一特定论点要么是在坚持、要么是在反对某些人的论点,而它的作者对于这些人的所作所为应当是有所了解的。将政治哲学加以历史化,是斯金纳在《意义与理解》一文中的目标之一。他推荐的这种方法,需要更仔细地加以审视。

---

① J. G. A. Pocock, "The State of the Art", in *Virtue, Commerce, and History: Essays on Political Thought and History, Chiefly in the Eighteenth Century* (Cambridge: Cambridge University Press, 1985), pp.1-33; "The Concept of a Language and the Métier d'Historien: Some Considerations on Practice", in Anthony Pagden ed., *The Languages of Political Theory in Early-Modern Europe* (Cambridge: Cambridge University Press), pp.19-38.

第三章

思想史的方法

昆廷·斯金纳的《思想史中的意义与理解》一文有时被称为剑桥学派的宣言书。它已被证明具有特别深远的影响力。尽管约翰·波考克发表他的方法论论文比斯金纳早六年，约翰·邓恩的论文也更早一年出现，但是斯金纳的这篇文章是三人之中最有自信、最敢于表达的，也是最容易理解的。它清晰地阐述了如下观点：过去几十年的研究工作在斯金纳看来非常糟糕，理应取而代之，需要提出一种研究过去思想的新方法。这篇文章相继被几家期刊拒稿，斯金纳自承，他几乎因此放弃了这项工作。此文带有的争议性质由此可见一斑。① 在《意义与理解》中，斯金纳特别向邓恩表示了感谢，他还在文章中多次提到波考克的研究，并指出波考克在此文发表之前给出了评论（此外，做出评议的还有约翰·布罗，以及时任约翰斯霍普金斯大学历史学教授的莫里斯·曼德尔鲍姆 [Maurice Mandelbaum]、经济学家弗兰克·哈

---

① Quentin Skinner, "On the Liberty of the Ancients and the Moderns: A Reply to My Critics", *Journal of the History of Ideas*, 73/1 (2012), p.146.

恩 [Frank Hahn]、剑桥大学出版社的迈克尔·布莱克 [Michael Black]，以及研究20世纪美国史的约翰·A. 汤普森 [John A. Thompson]）。邓恩的文章，也经过了斯金纳和彼得·拉斯莱特的评议，但是在可读性上要差很多，而且论点要密集得多。一个有共同使命感的群体正在形成。

正如波考克所说，早在1964年，斯金纳首篇论文发表，"就为我们之间以及与其他学者之间的联盟奠定了基础，似乎再没有什么能够动摇这一联盟了"。① 斯金纳后来指出，他从未觉得自己在说什么新奇的东西，并承认他受惠于邓恩和波考克的理论著述，但他也表示，他"只是将波考克的研究，以及尤其是拉斯莱特的研究在看来所倚赖的那些假设尽量识别出来，并以更抽象的术语重新加以表述"。② 债务是清楚的，不过，斯金纳过于谦虚了。尽管他后来修改了一些论点，撤回了他做出的一些批评，重新撰写了论文的新版，但1969年的版本仍然是经典的陈述和灵感来源，至今还是必须列入学生阅读清单的文本，可以持续为有抱负的思想史学者提供一种认同感。因此，尽管有后来的修改，我们重新考虑斯金纳的原始论点，仍然是有价值的。③ 原始版本给人一种热情和自信的感觉，这种感觉也可以在许多赞同斯金纳主张的思想史作品中见到。

---

① J. G. A. Pocock, "Foundations and Moments", in Annabel Brett and James Tully eds., *Rethinking the Foundations of Modern Political Thought* (Cambridge: Cambridge University Press, 2006), p. 39.

② Quentin Skinner, "A Reply to My Critics", in James Tully ed., *Meaning and Context: Quentin Skinner and his Critics* (Cambridge: Polity, 1983), p. 233.

③ 关于修改，参见 Quentin Skinner, "Seeing Things Their Way", in *Visions of Politics. Volume 1. Regarding Method* (Cambridge: Cambridge University Press, 2002), pp.1-7; 关于对斯金纳的改变的批评，参见 David Wootton, "The Hard Look Back", *Times Literary Supplement* (4 March 2003).

第三章 思想史的方法

斯金纳的论证,从攻击两种理解历史文本的方法开始。第一种方法是将文本的论点与其经济、社会或政治背景联系起来,参考这些因素来解释文本中的思想。被斯金纳认定为倡导这种方法的人是F. W. 贝特森（F. W. Bateson）,文学学者,《批评论文》杂志的编辑。斯金纳并没有争论说,这种方法是无效的,或者无助于解释历史思想的意义;他的观点是,专注于背景永远不能使学者理解所讨论的文本的意义。换句话说,它提供的只是第二位的、次要的支持。第二种错误的方法,其基础是这样一种观点,即文本本身是其意义的关键,因此学者们只需要反复地阅读文本,就可以弄清楚在任何时间点上、在任何问题上作者说了什么。斯金纳认为,这种方法仍然是在追寻包含"不受时间限制的智慧"的"普世"思想。采纳这种孤立研究文本的方法的学者们,相信他们自己只要专注于处理"持久的问题"和"基本的概念",就能够识别出经典的著作、伟大的哲学家和值得细读深究的作家。被认定为支持这种观点的学者,有一长串政治思想史家,包括霍华德·沃伦德（Howard Warrender）、约翰·普莱梅纳茨（John Plamenatz）、列奥·施特劳斯和洛夫乔伊,此外还有古典学家 J. B. 伯里（J. B. Bury）、著名文学评论家 F. R. 利维斯（F. R. Leavis）、国际关系理论家汉斯·摩根索（Hans Morgenthau）、德国精神病学家和哲学家卡尔·雅斯贝尔斯（Karl Jaspers）、哲学家伯特兰·罗素（Bertrand Russell）和恩斯特·卡西尔（Ernst Cassirer）、文学学者艾伦·布鲁姆（Allan Bloom）,以及政治理论家艾伦·瑞恩（Alan Ryan）和罗伯特·达尔（Robert Dahl）。斯金纳指出,他们的共同点在于仅仅关注文本本身,这将导致"各种各样的历史谬误"

和"神话",因为学者们不可避免地会将作者不可能持有的论点归于他们身上。因此,这些学者兜售的是神话,而不是通过严谨的学术研究得出的可以验证的真理。

斯金纳相信他正在澄清一种思想史研究的范式方法;换句话说,他正在描述一系列实践,这些实践背后隐藏着一组关于如何书写过去及其研究目的何在的共有的预设。正是带着这一点考虑,斯金纳通过概述一种完全独特的思想史研究方法,呼吁进行范式转变。重读《意义与理解》时,可以感受到斯金纳显然因为身为这样一场运动的先锋而感到兴奋。他确信,自己是在将已经在思想史领域开展工作的一个创新性群体的实践经验阐述出来。感觉到旧主题出现了新方法,接受范式转变已经是不可避免的,这种意识已经有人在表达了,艺术史中有恩斯特·贡布里希(Ernst Gombrich),科学史中有托马斯·库恩,这两人在斯金纳的文本中都受到了夸赞,邓恩还积极地肯定了贡布里希于1960年出版的《艺术与错觉》。

库恩对科学共同体给出了定义,即共同体与一个范式紧密结合,这个范式本身包括一种理论和一套用于判断该理论值得信服的标准,当其无法再解释异常现象时会转向新的范式。实际上,这一观点在20世纪60年代所有思想史学者的著作中都可以听到回响。库恩以关注哥白尼革命而闻名,这是发生在自然哲学中的范式转变,当时人们接受了太阳而不是地球作为太阳系的中心。在现代,进化论被描述为库恩意义上的范式转变的一个例子,它取代了设计论或创世论。库恩的作品很快开始改变科学史研究,得到了伦敦的瓦尔堡研究所相关研究的支持,该研究所的工作中心是炼金术、占

第三章 思想史的方法

星术和魔法对于伟大科学家如罗伯特·波义耳或艾萨克·牛顿思想的重要性。弗朗西斯·耶茨（Frances Yate）的作品陆续发表，从《乔尔达诺·布鲁诺与赫尔墨斯传统》（1964）开始，探讨那些后来被认为是不合理的思想的重要性，进一步验证了新的历史研究方法。但是，对于任何时期的思想都是根据"绝对命题的星座"（constellations of absolute propositions）——常常被称为"范式"——来组织的这一观念的起源，斯金纳将其归因于柯林武德在1940年发表的《形而上学论》（An Essay on Metaphysics）。尽管邓恩和斯金纳都对柯林武德有所批评，明确表示他们在很多方面不同意柯林武德研究历史的方法，但同样明显的是，柯林武德的作品对他们产生了最大的影响。在知识的扩展和丰富方面，柯林武德带给他们的具体的益处，在拉斯莱特自己的研究中就可以看到。

旧范式的第一个问题，斯金纳称之为"学说的神话"。历史学家和哲学家们在当下确定了一种思想，然后就到不同时期的各种文本中寻找相关的学说。例如，美国哲学家葛维慈将权力分立思想的源头归功于帕多瓦的马西利乌斯（Marsilius）在《和平的捍卫者》（1324）中提出的观点[①]；或者说，詹姆士一世的法学家爱德华·柯克在邦纳姆博士一案（1610）中倡导了司法审查；或者是，理查德·胡克在他的《论教会政体的法则》（1593）中支持社会契约理论；又或者是，约翰·洛克是人民主权的支持者。斯金纳的观点是，这些作者不可

---

① Alan Gewirth, *Marsilius of Padua, the Defender of Peace. Marsilius of Padua and Medieval Political Philosophy, Volume I* (New York: Columbia University Press, 1951).

能表达对这些学说的支持,因为构成这些学说的思想在他们那个时代并不存在,它们来自后来的时期和随后的学术发展。坚持在完全不同的历史时期可以找到类似的学说,这种信念的一个负面后果,是声称以往那些伟大的作者也参与了相关的辩论。这一点反过来又造成了一种执着,即为了后来才变得突出的论点去寻找它们更早期的先声,以便弄清楚一个作者对一组特定思想集合的贡献是什么。那些在更为优越的现代时期完全成形的思想,可以追溯其逐步的发展过程,同时,历史上的作者们也可能因为他们未能充分表达那些由后继者阐明的思想而受到指责。例如柏拉图,可能会因为他未能考虑公众的意见,或者是洛克,因为没有明确表明他在普选权问题上的立场,或是霍布斯,因为对基督教的态度含糊不清,而遭到批评。与此同时,历史上的作者可能会被责问,他们对民主持有何种看法,比如像马西利乌斯的例子,但实际上他们对这种形式的政府并不感兴趣。斯金纳指出,列奥·施特劳斯及其学生的作品存在问题,因为他们从这种一般方法出发,试图将当代道德标准的缺失追溯到霍布斯和马基雅维利,仿佛他们可以以某种方式被视为有罪,并应该因他们的观点而受到审判。斯金纳认为,以上这些方法及其结果所带来的,不过是误解的历史和无效的学术探究。

孤立地研究文本,并将其上下数百年串联起来,这种方法带来的另一个结果,斯金纳称之为"连贯性的神话",亦即假定,评价那些伟大作者的作品时,应该看的是他们在处理与其他优秀思想家所共有的重大概念问题时表现出的一致性和深度。与之相应,还有一种思想上的冲动,总是将作者的思想作为一个整体来对待,假设在不同时间和不同情况下发表的作品都在为相关问题做出贡献，形成一个连贯的整体。再一次，斯金纳特别批评的学者是列奥·施特劳斯。斯金纳指责他的理由是，隐微书写极难被发现，即使能被察觉，也无法弄清这些"秘传教义"的真相或连贯性是什么，因为没有证据可以用来衡量其真实内容。这种方法的另一个结果是"预期的神话"，即将一个行动后续产生的意义与其原始意义混为一谈。可以举一个彼特拉克的例子，假定彼特拉克在攀登蒙特旺图斯山时，就想到了要开创文艺复兴。还有一个例子，已经在卡尔·波普尔（Karl Popper）和雅各布·塔尔蒙（Jacob Talmon）的著名作品中有所体现，即认为柏拉图和卢梭在某种程度上对他们的思想被极权主义利用负有责任，而他们的著作既对自由主义有贡献，也被认为有利于专制主义。对斯金纳来说，这完全是神话，因为无论是柏拉图还是卢梭，都不可能预见到他们任何思想的后续的历史，至于这些思想在他们无法想象的情况下的可能用途，当然也不应该由他们来负责。还有其他例子，比如说马基雅维利开启了现代政治论辩的时代，尽管他并未意识到这会带来什么后果；或者说，洛克是一个自由主义者，而不是一个其作品无疑被后来的自由主义论辩所利用的人。正如斯金纳所说，预期式的论证是有缺陷的，因为"行动必须等待未来才能获得其意义"。①

另一个障碍，斯金纳称之为"地域化的神话"，即假设文本参与了跨越时代的对话，因此相互影响。例证很多，比如20世纪60年代学术界常见的观点，像哈罗德·拉斯基（Harold Laski）、哈维·曼

---

① Skinner, "Meaning and Understanding", p. 24.

斯菲尔德（Harvey Mansfield）、金斯利·马丁（Kingsley Martin）和列奥·施特劳斯都认为，埃德蒙·柏克一定是在回应亨利·圣约翰（Henry St John，第一代博林布鲁克子爵），而博林布鲁克则是在回应洛克，洛克是在回应霍布斯，霍布斯是在回应马基雅维利。另一个关于地域化神话的例子是，假定历史上的作者所使用的概念与斯金纳所谓现代典范性概念（如民主或福利国家）是相关的。例如，著名左翼记者布雷尔斯福德在其遗作《平等派与英国革命》中，将平等派与20世纪有关民主和福利国家的思想等同起来。① 另一个例子是，由于约翰·洛克在政治学中有关于同意（consent）的理念，便判定他实际上是一个原始的民主主义者；在处理洛克的问题时，斯金纳始终借鉴了约翰·邓恩的最新研究，该研究表明，尽管洛克在理想情况下设想个人同意建立政治社会，但他绝不是一个要求政治行动必须有民主正当性理由的理论家。②

斯金纳指出，列出这些"神话"是为了说明，想要弄清楚某一种思想的意义，仅仅依靠使用特定术语的作者的文本是不可能的。词语是行为，它们的使用决定了它们的意义。反过来，词语的意义会随着它们在不同意识形态语境中的使用而发生变化。单凭文本本身，无法证明诸如霍布斯或贝尔（Bayle）之类的作者，笔下的文字究竟是在含糊其词还是语带讽刺。同样，单凭文本本身，也无法

---

① Henry Noel Brailsford, *The Levellers and the English Revolution*, ed. Christopher Hill (London: Cresset Press, 1961).

② John Dunn, "Consent in the Political Theory of John Locke", *Historical Journal*, 10/2 (1967), pp. 153-182.

第三章 思想史的方法

揭示在漫长的时间跨度内，问题是否是以相同的方式被审视的。传统观念中对思想史的理解是错误的，因为思想无论在一般意义上还是具体意义上都不是一成不变的。以词语表达的思想，在不同的时代，在不同的地点，意味着不同的东西。

当斯金纳转向强调社会背景对于理解思想的重要性时，他承认，这类信息可能对学者解释一个文本中的论点有所帮助，但他否认单凭背景就能解释特定文本中所表达思想的意义。马克思主义历史学家和纳米尔主义历史学家被认为最看重将文本与社会背景联系起来的方法，R. H. 托尼（R. H. Tawney）和 C. B. 麦克弗森（C. B. MacPherson）是前者的领军人物，而刘易斯·纳米尔（Lewis Namier）本人则是后者的代表。对这种文本研究方法的讨论，使得斯金纳能够肯定地推出他的替代方法，该方法的根基是在文本中某个言语（utterance）的意义与其言外之力（illocutionary force）之间做出区别。斯金纳认为，在分析作者的陈述背后的意图时，必须考虑到后者（即言外之力），否则该意图可能会变得难以理解。这一区别来自 J. L. 奥斯汀（J. L. Austin）的《如何以言行事》（*How to do Things with Words*，1962）。斯金纳后来使用斯特劳森的例子来说明他的意思，即警察说"那边的冰很薄"。[1] 这一陈述字面上指出了薄冰，但言外之力是被用作警告。[2] 斯金纳借用了奥斯汀的言

---

[1] P. F. Strawson, "Intention and Convention in Speech Acts", *The Philosophical Review*, 73/4 (1964), pp. 439-460.

[2] Quentin Skinner, "'Social Meaning' and the Explanation of Social Action", in Peter Laslett, W. G. Runciman and Quentin Skinner, eds., *Philosophy, Politics and Society*. Fourth Series (Oxford: Oxford University Press, 1972), pp.136-157; revised in Skinner, *Visions of Politics. Volume 1*, pp.128-144.

外之力概念，提出一种否定性论点：文本的社会背景可能有助于理解某个言语的字面意义，但无法解释其言外之力。

斯金纳在《意义与理解》中给出的例子清楚地说明了他的意思，这个例子有意取自当代关于马基雅维利的《君主论》意义的史学争论。斯金纳指出，如果读者在文艺复兴时期的论述中看到"君主必须学会不做有德之人"这样的主张，他们可能会去研究当时的社会背景，这会揭示出在文艺复兴时期有许多例子证明不道德的君主是非常出色的统治者。然后，斯金纳要求他的听众假设这种主张在文艺复兴时期的文本中普遍存在；那么，这将意味着，这种主张的作用在于支持当时的一种道德常识。接下来，他要求听众假设相反的情况，即君主应该放弃美德的陈述实际上在文艺复兴时期的文本中很少见。因为在文艺复兴时期的文本中，有德之君是常态，这就意味着这种主张是对道德常识的拒绝。斯金纳指出，关于马基雅维利的《君主论》的这两种主张分别由艾伦·吉尔伯特（Allan H. Gilbert）和费利克斯·吉尔伯特（Felix Gilbert）提出，并表示哪一种主张为真将决定马基雅维利在撰写他最著名的著作时的意图。从方法论上看，要害在于，要弄清楚文艺复兴时期的作者关于君主具有美德或缺乏美德有何益处的论点，既不可能仅从社会背景中获得，也无法仅从马基雅维利的文本本身中得出。进而，应该做的是，去探究"所说的话是如何被意会的，从而揭示即便在相同的背景下，各种不同陈述之间可能存在什么样的关系"。① 换句话说，解

---

① Skinner, "Meaning and Understanding", p.47.

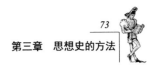

第三章 思想史的方法

释言语的力量,只能通过参考当时的各种文本,或者是后来被称为意识形态背景的东西。只有这样,才能解释文本论述中的言外之力;而在没有这种言外之力的情况下,任何论述都不能被认为得到了充分的解释。

斯金纳得出结论,理解一个文本的关键在于探寻作者写作该文本的意图。这就意味着需要重建"在言语背后复杂的语言意义"。社会背景可能有助于对"意义的力量"的理解,但永远无法决定意义本身。斯金纳自信地认为,采用他所概述的方法,好处就是可以说服那些对人文科学感兴趣的人接受思想史这一领域。当认识到思想史并非由"永恒的真理或者所谓绝对标准的演变"构成,学者才获得了"自我认知"。具有核心意义的一个发现是,当代的思想不一定优于过去的思想,并且历史人物所表达的所有思想都必然有地域性、偶然性,而且是受到当时条件限制的。因此,斯金纳建议学者放弃关于创建一门关于人的科学的宏大主张。斯金纳设想,学者们要从事的是更为细致的研究工作,这种研究应该基于经过验证的方法,从而让自己的工作建立在已经接受这种方法的早期学者的工作之上。关于过去作者意图的客观性知识可能永远无法确立,但人们预期能够获得更多关于历史上的思想的知识,以及更好地理解这些思想的意义和用途。斯金纳希望在历史学家和哲学家之间促进对话。历史学家第一次能够做到向哲学家揭示思想领域中的一些杰出人物实际上是在做什么,向他们贡献关于知识社会学以及思想与行动之间关系的见解。

在20世纪70年代,斯金纳发表了一系列方法论文章,进一步

完善和发展了《意义与理解》中提出的主张。今天所有这些论文都值得重读。它们已经汇集为《政治的视野：论方法》一书（2002年出版），继续引起广泛的评论，最近的反响发表于《观念史杂志》的一期特刊。①与其在此探讨这些评论，不如参考一下詹姆斯·塔利所概括的，成为斯金纳风格的思想史家的"五个步骤"。其中涉及对五个问题的回答：

> 当一个作者在创作一篇文本时，其他现有文本构成了他的意识形态的背景，他如何处理或者曾经如何处理二者之间的关系？当一个作者在创作一篇文本时，当前存在的、充满问题的政治行动构成了他的实际的背景，他如何处理或者曾经如何处理二者之间的关系？如何识别意识形态，并且调查和解释它们的形成、批评与变化的过程？如何理解政治意识形态与政治行动之间的关系，以最好地解释某些意识形态的传播及其对政治行为造成的影响？意识形态的变化，通过何种形式的政治思想和行动，得以扩散并融入社会常规？②

采纳斯金纳的方法，需要考虑意图和作为背景的意识形态。这涉及论点的构建过程，它既是在某种意识形态之内展开，同时也是

---

① Martin J. Burke et al., "Symposium: On Quentin Skinner, from Method to Politics", *Journal of the History of Ideas*, 73/1 (2012).

② James Tully, "The Pen is a Mighty Sword: Quentin Skinner's Analysis of Politics", in *Meaning and Context: Quentin Skinner and his Critics*, pp. 7-8.

第三章 思想史的方法

对其他替代性意识形态的反驳。因而，有必要以作者提出的论点为基础，追踪该意识形态的进一步发展，并且确定它对当代论证格局所产生的影响。

塔利相信，到了20世纪80年代初，斯金纳的方法已经改变了思想史的实践。不过，也有很多人批评这种方法，而且常常用语尖酸刻薄。常见的批评意见有三种。第一种批评是，斯金纳的方法是无效的。批评者认为，斯金纳过于哲学化，而不够历史化，他对档案材料不感兴趣，致力于确定那些在实际学术研究中永远无法搞清楚的意图。他过于偏狭地倡导一种普遍适用的方法，并且过于雄心勃勃地声称，思想史的结论将变得更加精确和确定。对于文本独立于作者之外的历史，他毫无兴趣，因此他实际上无法撰写遵循该方法的历史。① 这些说法引发了大量的笔墨官司，然而这些批评并没有经受住时间的考验。现在很少还有人说，斯金纳在方法论上倡导的东西无法证明其合理性。②

第二种批评是，斯金纳使得对于思想的历史分析失去了意义。

---

① 例如，Margaret Leslie, "In Defence of Anachronism", *Political Studies*, 18/4 (1970), pp. 433-470; C. D. Tarlton, "Historicity, Meaning, and Revisionism in the Study of Political Thought", *History and Theory*, 12 (1973), pp. 307-328; Bhikhu Parekh and R. N. Berki, "The History of Political Ideas: A Critique of Q. Skinner's Methodology", *Journal of the History of Ideas*, 34/2 (1973), pp.163-184; John Keane, "On the 'New' History: Quentin Skinner's Proposal for a New History of Political Ideology", *Telos*, 47 (1981), pp. 174-183. 相关概览，参见 Conal Condren, *The Status and Appraisal of Classic Texts* (Princeton, NJ: Princeton University Press, 1985)。

② Mark Bevir, *The Logic of the History of Ideas* (Cambridge: Cambridge University Press, 1999), pp. 48-52.

原因是他切断了当下的政治与历史研究之间的关系。对于政治学或哲学而言,这样一种关系对它们成为一门科学的愿望来说曾经是至关重要的,在这两个领域的研究人员眼中这是显而易见的事情。在人文学科的研究需要自证合理性,而自然科学对资金的呼声越来越高的时代,声称细读历史文本只能获得间接利益,对于许多研究人员来说,这种观点几乎是一种疯狂的想法。重申思想史与更广泛的社会科学没有关系,而社会科学却必然对过去与现在之间的关系感兴趣,这使得思想史这门学科在许多批评者看来已经变成了"最陈旧的古董研究"。从 20 世纪 70 年代到 21 世纪初,相继有批评者说过,斯金纳的方法论著作基本上是空洞无物的。[①] 可以在斯金纳与以赛亚·伯林之间做一下比较。伯林在思想研究尚未流行的时期成功地展示了思想的重要性,在英国产生的影响尤其显著。[②] 他之所以能够做到这一点,一定程度上是通过将思想和道德的议题联系起来,

---

[①] John G. Gunnell, "Interpretation and the History of Political Theory: Apology and Epistemology", *American Political Science Review*, 76 (1982), pp. 317-327; Kenneth Minogue, "Method in Intellectual History: Quentin Skinner's *Foundations*", in Tully ed., *Meaning and Context: Quentin Skinner and his Critics*, pp. 176-193; Robert Wokler, "The Professoriate of Political Thought in England since 1914: A Tale of Three Chairs", in Dario Castiglione and Iain Hampsher-Monk eds., *The History of Political Thought in National Context* (Cambridge: Cambridge University Press, 2001), pp.134-158.

[②] William A. Galston, Foreword, "Ambivalent Fascination: Isaiah Berlin and Political Romanticism", and Joshua L. Cherniss, "Isaiah Berlin's Political Ideas: From the Twentieth Century to the Romantic Age", in Isaiah Berlin, *Political Ideas in the Romantic Age. Their Rise and Influence on Modern Thought*, ed. Henry Hardy (Princeton, NJ: Princeton University Press, 2006), pp. ix-xxii, xliii-lxxxiv.

第三章 思想史的方法

避免让前者成为"枯骨的干响"。① 正如我们将看到的，正是这种所谓脱离关系的指责对斯金纳本人以及语言语境主义方法的倡导者产生了极大的影响。斯金纳在 20 世纪 90 年代所做的大量工作是对这种指责的回应。

第三种批评是，斯金纳过于排他，他曾主张用单一的方法来研究历史文本，这被认为是不够明智的。他专注于作者的意图，排除了其他可能的策略，这些策略可能在寻求文本意义时有用，也可能为捕捉文本作者精心构思或无意中产生的各种想法而提供洞见。正如一位评论者所说，由于脱离了与社会和经济权力的关系，斯金纳"所呈现的政治世界和政治辩论的范围，其局限性是显而易见的"。② 当代学者可能对作者在做什么这一问题没有兴趣，但他们的学术研究仍然有自己的贡献。这种情况表现最明显的两个领域，一是关于思想接受的研究，二是关于某些重大论辩传统中作者角色的争议，这些传统在当代世界仍然有重要性，比如自由主义或共和主义。就前一种情况而言，显然斯金纳没有为研究人员提供开展工作所需的工具。尽管研究作者思想的传递和翻译很有可能需要重建接受者的意图，但历史学家往往对接受背后的意图知之甚少，或根本不了解，他们往往面对的是无名的或数量极多的读者，而这些读者在使用、恢复和改变过去作者思想时抱有怎样的意图，如今已无迹可

---

① Isaiah Berlin, *The Sense of Reality. Studies in Ideas and Their History* (London: Chatto and Windus, 1996), p. 25.

② Ellen Meiksins Wood, "Why It Matters", review of Quentin Skinner, *Hobbes and Republican Liberty*, *London Review of Books* 30/18 (2008), pp. 3-6.

寻。在这种情况下，历史学家回归到传统上社会和经济史研究采用的一些方法，参考书籍生产、出版和流通的信息，以及这些书籍为不同市场需求进行的再版和修订，还有它们在不同时期和地点被翻译的历史，以解释思想的演变过程。①

至于一位作者的作品与那些提出至今仍在讨论的问题的经典辩论传统之间有何种关系，语言语境主义所能提供的学术贡献尚不明朗。政治哲学家约翰·罗尔斯的著作中有一个典型的例子。罗尔斯在1971年写《正义论》时，他的愿望是在对自由的倡导与对平等的倡导之间进行调和，并试图通过发展"无知之幕"和"初始状态"这两个相关概念来实现这一点。罗尔斯"政治中的契约"概念显然很大程度上得益于他对大卫·休谟和伊曼努尔·康德作品的阅读。他从未声称这两位历史上的哲学家是他自己主张的来源，但同样显而易见的是，两位作者关于自由和平等的著作启发了罗尔斯的思考。罗尔斯认为，持续反思他们的思想有助于理解自由主义在20世纪后期的意义；休谟和康德可以帮助我们确定在自由主义论辩传统中哪些东西是有效的。当罗尔斯回应对他著作的批评时，他尤其参考了让-雅克·卢梭的作品，其结果是修订版的"正义即公平"理论，这一理论首次呈现在《政治自由主义》（1993）中，随后又在他的《道德哲学史讲座》（2000）和《政治哲学史讲座》（2000）中加

---

① 例如，参见 Richard B. Sher, *The Enlightenment and the Book: Scottish Authors and Their Publishers in Eighteenth-Century Britain, Ireland, and America* (Chicago and London: University of Chicago Press, 2006) 以及 Andrew Pettegree, *The Invention of News: How the World Came to Know About Itself* (New Haven, CT: Yale University Press, 2014)。

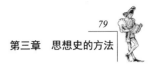

第三章 思想史的方法

以论述。罗尔斯并不是一位历史学家，他在工作中采用的技术直截了当，就是阅读和思考历史上一些最杰出的作者的作品。由此，他提出了旨在解决当前政治问题的新思想。与此同时，可以说他阐明了休谟、卢梭和康德思想中的某些部分，使他们的著作与新一代自由主义研究者有了直接的关联。这一例证足以说明，语言语境主义的技巧在解释和运用历史思想的过程中并非不可或缺。

阅读斯金纳早期论述历史探究的哲学的文章，可以让我们窥见他年轻时的愿景，即运用语言语境主义的技术，转变现有的知识，并且让这一技巧成为被普遍接受的一种科学的思想研究方法。在当今，人文学科试图发展成人文科学的愿望已明显受到了阻碍，而斯金纳面对别人批评他的封闭或排他，也报以一贯的慷慨大方，承认其他的方法论实践有启发性且合理有效。至于有时被称为思想社会史（social history of ideas）的领域，斯金纳承认，他一直关注的是文本产生的社会和物质环境。① 需要注意的是，当思想社会史描述思想本身时，它应当转向语言语境主义，以避免流于表面。第二个排他性的领域对斯金纳来说最具挑战性，因为这显然与他被批评将历史思想的研究变成了一种纯粹的嗜古癖的活动相关联。罗尔斯和施特劳斯都没有采用斯金纳的方法，但他们都能理解历史上的思想，并使其与当前政治建立关联。斯金纳的回应则是，将旧酒装入新瓶并加以利用固然很好，甚至通过阅读古书来反思当前问题也可以带来

---

① Quentin Skinner, "Retrospect: Studying Rhetoric and Conceptual Change", in *Visions of Politics. Volume One*, pp. 175-187.

启发；但想要弄清历史上的作者们究竟在做什么，则需要研究者采用语言语境主义的方法。斯金纳还有更高远的主张，认为采用语言语境主义的方法能够提升哲学研究的质量，这一点在其后期著作中得到了明确展示。对于斯金纳来说，更详细、更准确地理解历史上作者的目标，将会带来关于人类问题的知识，也有助于了解当时的哲学语言中内在的对这些问题解决方案的限制。核心问题一直是，在提高历史作品的写作质量方面，这种方法是否能被视为有效，而这些历史作品是否能够被那些研究与当代有更直接关系的课题的人所使用。这是在大学里从事思想史研究工作的第一代学者所面临的最大挑战。他们是否能够取得成功，是我们下一章的主题。

第四章

思想史的实践

斯金纳认识到，他们所主张的史学研究的最佳方法，其真正考验在于历史作品最终完成后的实际质量。在这一点上，他和邓恩、波考克是一样的。当然，波考克的《古代宪法与封建法》、德裔美国政治史家汉斯·巴伦（Hans Baron）的作品，以及彼得·拉斯莱特本人和其他拉斯莱特式的语境论者的作品，都可以作为这一新方法的例证。然而，该方法的提出需要进一步的研究来证实其合理性，并持续在实践中验证其有效性。而且，预计这样的作品将会打破常规，引起争议。第一个例子是约翰·邓恩的《约翰·洛克的政治思想》（1969）。该书挑战了将洛克描绘成早期或原始的自由主义思想家的观点。邓恩把洛克置于特定的历史背景中进行解读，将他的政治主张与其基督教信仰联系起来，强调他对反抗非法政治权威的加尔文主义激进理论的支持。波考克的《马基雅维利时刻》于1975年出版，因其广度和深度，成为历史研究的一道分水岭。它的广度体现在，涵盖了从亚里士多德到美国革命的漫长时段中的概念变化；

它的深度则在于，通过描绘四百年来政治论述中共和主义追求的兴起和演变，促使学者们重新审视关于早期现代历史的叙述。斯金纳为波考克贡献了这本书的主标题。正如波考克所承认的那样，这本书展示了斯金纳所推荐的方法，即关注马基雅维利作为一名写作者的意图，以及这些意图如何在 16 世纪头几十年佛罗伦萨政治生活的动荡之中，在他的一生中逐渐成熟。该书的副标题"佛罗伦萨政治思想与大西洋共和传统"，表明波考克所关注的是历史上更广泛的"多个时刻"。故事中讲到了共和国的建立，促使它们崛起的手段，它们在充满腐败的人类世界中必然将面临的危机，以及它们像人体一样不可避免地走向衰落和消亡。波考克所展现的历史学家的热忱与才智，充分验证了他自 20 世纪 60 年代初以来所阐明的方法的合理性。《马基雅维利时刻》至今仍然是当代出版的最有影响力的思想史研究作品，相当于 E. P. 汤普森的《英国工人阶级的形成》之于社会史家的地位。

值得注意的是，在《意义与理解》一文中，斯金纳承诺他"希望尽快完成对这一主题的更为系统的讨论，特别是关于历史研究和历史实例运用的部分"。① 自 20 世纪 60 年代中期以来，斯金纳一直在剑桥讲授 1500—1800 年间的政治思想史，人们期待着他能够系统地概述这一主题，从马基雅维利一直到孟德斯鸠，甚至延伸到更远。与此同时，他对马克斯·韦伯的《新教伦理与资本主义精神》

---

① Quentin Skinner, "Meaning and Understanding in the History of Ideas", *History and Theory*, 8/1 (1969), 45, n.192.

第四章 思想史的实践

（1905）特别感兴趣，后者致力于解释的事实是，与较落后的天主教地区相比，新教与德国的经济发展有更为直接的关系。韦伯提出了一个著名的观点，即资本主义之所以兴起，不应该用马克思主义关于封建制度在经济上被取代的说法来解释，而是因为它能够被各种宗教价值观，尤其是加尔文教义所认同而获得合法性，才在欧洲获得广泛的发展。关系尤为密切的是，加尔文教义强调避免奢侈，提倡勤俭节约，以及投资于未来，而不仅仅是享受当下的物质财富，对救赎的不确定性与过一种虔诚的生活相辅相成。斯金纳想弄清楚的是，按照天命生活如何与"勤勉"的行为形式联系在一起。他还试图质疑，长期以来将新教与现代性联系在一起的说法的真实性。迈克尔·沃尔泽（Michael Walzer）在1966年发表的《圣徒革命》中仍然在为这一观点辩护，其中涉及被认为塑造了现代世界特征的各种形式的自由。[1] 诸如此类的一些课题成为斯金纳关于12—17世纪政治思想研究计划的补充要素，这一研究旨在解释现代国家的兴起以及针对国家的反叛之举。1978年，斯金纳以《现代政治思想的基础》（*The Foundations of Modern Political Thought*）为题出版了两卷本著作，分别探讨文艺复兴和宗教改革。正是在这部作品中，斯金纳"尝试展示[他]的阐释路径"。[2] 这两卷书描述了国家作为一个拟制人格

---

[1] Mark Goldie, "The Context of the Foundations", in Annabel Brett and James Tully eds., *Rethinking The Foundations of Modern Political Thought* (Cambridge: Cambridge University Press, 2006), pp. 3-19.

[2] "Five Questions to Quentin Skinner", in Morten Haugaard Jeppesen, Frederik Stjernfelt and Mikkel Thorup eds., *Intellectual History, 5 Questions* (Copenhagen: Automatic Press, 2013), p. 156.

(artificial person),逐渐被视为凌驾于政治社会中的不羁因素之上,并被看作解决长期存在的宗教冲突的潜在方案。

在斯金纳看来,文艺复兴只有放在一个较长的时间段之内观察才能成立。像汉斯·巴伦这样的历史学家,错误地认为中世纪和文艺复兴之间存在明显的断裂。在巴伦看来,就是在1400年,当佛罗伦萨和米兰的维斯康蒂家族之间发生冲突时,帝国君主制的观念才被放弃,取而代之的是自治和政治自由。① 而根据斯金纳的说法,早在西方接受亚里士多德之前的几代人那里,依托于罗马法的注释者和评论者的工作,自由和自治之间的联系就已经被阐述清楚了。斯金纳的两卷本著作以审视17世纪初反抗不公正统治的理论作为结束,从他的观点来看,到那个时候,现代政治已初见端倪。斯金纳的成就在于,对所谓加尔文主义者和清教徒改变了早期现代政治格局的说法发起了挑战。

斯金纳指出,激进加尔文主义者的政治论点与16世纪30年代的路德派思想有联系,更具争议的是,他提出这些政治思想的根源可以追溯到萨拉曼卡学派的新托马斯主义者,如弗朗西斯科·德·维多利亚(Francisco de Vitoria)、弗朗西斯科·苏亚雷斯(Francisco Suárez)和胡安·德·马里亚纳(Juan de Mariana),以及16世纪初巴黎的神学家,如约翰·迈尔(John Mair)和雅克·艾尔曼(Jacques Almain)。自由现代性的起源被追溯到更早的时期,并且

---

① Hans Baron, *The Crisis of the Early Italian Renaissance: Civic Humanism and Republican Liberty in an Age of Classicism and Tyranny* (Princeton, NJ: Princeton University Press, 1955).

第四章　思想史的实践

天主教会议主义（Catholic conciliarism）与后来的宪政主义之间的联系也得到了强调。

斯金纳和波考克都同意，在早期现代历史中，意大利城市共和国从13世纪起形成的一种关于人类幸福的观点至关重要。在这种观点中，生活在一个独立的共和国之中，被赞誉为符合人的天性，而维护这一状态的公民活动则被描述为世俗领域中最高的追求。除此之外，他们几乎没有其他共识。如果有人预期他们在政治思想史的实质上会达成共识，那么结果正好相反。采用大致相同的方法论，导致的结果却是分裂多于统一，并且部分是由于人们开始承认那些在思想史中所谓次要人物的重要性，从而引发了众多研究课题的涌现。无论是波考克还是斯金纳，都未曾预期他们在思想探索之路上能够达成一致，然而，分歧之大还是到了可能令人惊讶的程度。批评者认为，这种分歧表明剑桥学派的方法并不能显著改进我们对于过去的理解，并且质疑剑桥学派带来的是否只不过是一种过度的嗜古癖。①

波考克对亚里士多德式冲动的历史进行了研究，这种冲动指的是以公民身份在自由城市中过一种市民生活。他的研究描绘了文艺复兴时期意大利各交战城市中被称为"公民人文主义"的哲学基础的形成过程。从11世纪开始，在中欧和南欧蓬勃发展的很多小国纷纷宣告独立，抵抗侵扰的王公，以及教皇和神圣罗马帝国

---

① J. G. A. Pocock, "Afterward", in *The Machiavellian Moment: Florentine Political Thought and the Atlantic Republican Tradition* (Princeton NJ: Princeton University Press, 1975), p. 554.

皇帝的帝国野心。它们彼此间也相互交战。其结果是，促使人们对如何维持城市自由状态的方法进行不断的思考。正是在这个问题上，突显出了马基雅维利的重要性，标志着他作为政治思想家和行动者的出现，更具体地说，这个问题导致他留下了思考成果，讨论共和国的建立和形成，以及共和国变得岌岌可危的时刻。共和国的创建总是与危机相伴，并且引发关于政治起源和可能性的争议，而在波考克看来，正是这些争议塑造了早期现代许多论述的特征。

波考克对马基雅维利关于共和国的生命延续及其走向自然终结的思考进行了历史梳理。他在时间和地理空间上都做了延伸，提到詹姆斯·哈灵顿在 17 世纪中期如何采纳马基雅维利对罗马历史的看法。在马基雅维利看来，受过军事训练并拥有可继承的土地财产，是一个人享有自由和践行公民美德的前提条件。波考克接着详细描述了 18 世纪围绕这一观点的争论，这时的背景已发生显著变化，伴随着宗教战争的结束以及欧洲大型竞争性商业君主制的兴起，人们对自由和自治的观念已有新的理解。维持这些新形式的国家，需要发展常备军和公共信用体系；这些制度要素因其与现代礼仪形式的联系而得到了辩护，并且得到了像丹尼尔·笛福这样的人的赞美。在笛福眼中，在一个按照劳动分工组织起来的社会里，这些制度要素与消费和财务独立一样，是同等重要的。波考克称之为"新哈林顿主义者"的人——如苏格兰作家和政治家安德鲁·弗莱彻（Andrew Fletcher）——则倾向于支持古代美德，这种美德由民兵和一批拥有土地的精英来加以保护和维持，这些人的利益与国家息息相关，因

第四章 思想史的实践

此他们能够表现出政治智慧并在立法时保持适度和理性。新哈林顿主义者对现代礼仪表示鄙视,认为它导致了男性气概的衰退,以及伴随着政党崛起和职业政治家出现而滋生的各种腐败现象。此外,这些变化还使得公民社会和政治领域的不确定性加剧,典型的表现是国家对于股票经纪人专业技能的过度依赖。

波考克将"古代"和"现代"自由观念之间的冲突称为围绕人类人格(the human personality)的辩论。古代人确信他们了解自己,因此倡导遵循一套有限的行为准则,这就足够了;而现代人则认为,人类活动的范围已经被无限拓展,不再存在一个"自我"等着我们去认识。在大西洋世界,这场争论的特点是对不动产和动产可能的稳定性表现出担忧,它同时又因以下因素而更为复杂。一方面,由不同"民族"组成的复合国家在国内身份方面存在不确定性;另一方面,新教国家和天主教国家内关于商业社会对宗教信仰可能产生的影响展开了讨论,其中有些人质疑不同形式的基督教崇拜与依靠商业和战争进行生存竞争的政治体制之间的兼容性。这种情况反过来催生了一种颇有影响力的悲观文学,这在18世纪后期历史学家、政治学家和哲学家的著作中表现得尤为明显。波考克的核心主张是,重要的是明确区分以下两种政治论述:一种是基于关于权利的观念,由法律推理启发而来的;另一种则以恢复美德和那些被认为对社会中的人类繁荣至关重要的能力为目标。如何维持自由国家,这一话题在中世纪晚期的政治论争中已经寻常可见。波考克揭示出,这些论辩的根基,总是离不开对于自由观念的历史发展的某种理解,无论是自由在古代世界中已被确立并被重新发现,还是自

由观念是在罗马帝国衰落后，由那些推翻帝国的蛮族通过宣示自身创建主权国家的权利来实现的。

这一持续的辩论聚焦于如何定义欧洲：是将其视为由众多主权国家组成的大陆，这些国家寻求彼此和谐共处，还是将其视为一个新帝国的基础。支持帝国论的观点认为，唯有帝国才能为自君士坦丁大帝皈依的"基督纪元"以来便深陷无休止战争的世界带来和平。所有作者都面临的一个重大问题是：基督教在多大程度上导致了罗马帝国的终结，以及基督教在欧洲的成功与罗马衰落后出现的野蛮行为之间是什么关系。使情况更加复杂的是，随着古典学问的复兴，我们看到了古代学问越来越详细的图景，各个思想流派纷纷把他们的旗帜插在了历史上的斯多葛学派、怀疑论学派、柏拉图主义、亚里士多德主义和伊壁鸠鲁主义这些哲学理论之上。在基督教护教学的视角下，这些哲学被加以改造。对历史学家来说，一个重要的问题是早期现代的论争在多大程度上遵循了古代的样板。另一个问题是，基督教哲学在多大程度上因为对前基督教时代古人思想的了解而发生了变化。波考克始终认为，古代哲学立场的余音在现代国家的政治文化中依然可以辨识。思想史家的一项重要任务，就是提醒当今的人们，他们所提出的论点的真实起源和本质是什么。在现代政治文化中，人们普遍担心，依靠自己来维护自由的孤立个体会堕入野蛮，或者，拥有多种才能但拒绝将其付诸公共活动以实现整个社会自由的个体会自甘堕落，最终屈从于暴君。波考克认为，公民人文主义或古典共和主义的遗产尤其能够在北美共和国的政治语言中得到体现，这一主张是他的作品引发争议的原因之一。许多批评者指责波考克是悲观主义者和怀疑论者,忽视了美国政治的真正起源,即围绕自由之发现、获得和捍卫的宏大叙事。因此,美国国家的起源更多被描绘为"自由主义"的,而非"共和主义"的。①

在《现代政治思想的基础》一书中,斯金纳讲述了一个独特的故事,通过强调希腊和罗马政治遗产之间的差异来挑战波考克的说法,特别是主张波考克高估了亚里士多德的《政治学》在文艺复兴时期的重要性,在波考克眼中,当时的人主要依靠此书来理解,公民作为拥有平等主权的个体如何在法律治理的共和国中生活。对于斯金纳来说,在公民人文主义的创造过程中,西塞罗扮演了更为重要的角色,他赞美在自由政府下可能实现的生活方式,即展现公民美德、享有共和公民身份。与之相比,波考克认为,西塞罗是一位道德哲学家,他最关心的是正义、人类社会福利的享受及其分配。就西塞罗而言,哲学的目标是界定什么构成完整的道德生活,以及如何通过法律来保护这种生活。实现这些目标,并不需要生活在一个自由的共和国中。马基雅维利对公民人文主义更为重要,因为他关注的是美德或男子气概,这意味着过一种以个人自主和公共参与为特征的生活。这些力量为国家提供了保护,并且在国家面对内部

---

① Joyce Appleby, "Republicanism and Ideology", *American Quarterly*, 37/4 (Autumn 1985); "Republicanism in Old and New Contexts", *William and Mary Quarterly*, 43/1 (January 1986); "Recovering America's Historic Diversity: Beyond Exceptionalism", *Journal of American History*, 79/ 2 (September 1992); *Liberalism and Republicanism in the Historical Imagination* (Cambridge, MA: Harvard University Press, 1992).

腐败和外部威胁时确保其生存。马基雅维利独特的视野挑战了欧洲小国的共和思想和实践，当这种视野被调整以适应欧洲大君主国及其殖民帝国的情况时，它又开启了另一段历史。波考克对斯金纳批评的回应，见之于《马基雅维利时刻》的"后记"；还有他的鸿篇巨制《野蛮与宗教》的第三卷《第一次衰落与崩溃》，其中谈到吉本《罗马帝国衰亡史》（1776—1788）第一卷的前十四章，描述古典文明如何崩溃。① 波考克这一多卷本系列作品描述了吉本的智识旅程，从他年轻时在瑞士流亡期间对《百科全书》的批评，到通过阅读詹诺内（Giannone）、伏尔泰、休谟、罗伯逊、弗格森和亚当·斯密等作者关于西方历史发展的"启蒙叙事"，逐渐培养起对历史的兴趣。波考克既关心吉本可能会写但没有写过的东西，也关心他实际写下的东西。如此一来，他强调了当吉本被描述为古典人文主义修辞学家时，是在多大程度上对他的误解。相反，他揭示出吉本是一位跨越"非－欧亚"（Afro-Eurasia）地区的历史学家，其研究范围不仅包括希腊－拉丁地区，还扩展到中国和阿拉伯－伊朗地区。波考克解释了为什么如果我们要理解吉本的世界，就有必要研究神圣历史、博学、教父学、基督论和教会学。波考克主张，吉本撰写《罗马帝国衰亡史》并非意在否定对基督教启示的信仰。吉本实际上是在回应一种如今被称为全球文化遗产的事物，波考克的这一观点，在他的《野蛮与宗教》系列于2015年出版第六卷暨最终卷时表现得尤为

---

① Pocock, "Afterword", in *The Machiavellian Moment*, pp. 559-560; Pocock, *Barbarism and Religion. Vol. III: The First Decline and Fall* (Cambridge: Cambridge University Press, 2003), pp.154-156.

明显。

对波考克来说，欧洲的政治思想一直被法理学所渗透，并且促成了他在《马基雅维利时刻》中称之为"自由帝国意识形态"的东西。相比之下，历史学，即宏大历史叙事的写作，关注的是共和国向帝国转变的故事，或自由与帝国不相容的故事。波考克认为，斯金纳的方法应该纳入法理学史中，而不是直接与马基雅维利的共和主义相关联。波考克主张，斯金纳对国家兴起的研究应被视为对自由帝国意识形态的贡献，这种意识形态建立在接受共和国向帝国转变的基础之上。因为斯金纳所描述的西塞罗式美德既能够在由民众统治的体制下实现，也能够在君主统治下实现，例如奥古斯都、图拉真或查士丁尼，甚至是由优西比乌描述的"神圣"君主，而这都归功于法律的存在。波考克批评了这样一种观点，亦即，从12世纪弗莱辛的奥托（Otto of Freising）的著作中可以找到与佛罗伦萨对暴君的谴责相似的公民人文主义思想。波考克的论点是，斯金纳所讨论的人物中没有一个认真对待衰落与崩溃的观念，而这一观念在欧洲思想中的影响是如此之大，它质疑自由是否依赖于法律，并认为美德可能很容易丧失，从而导致国家陷入混乱和毁灭。换句话说，斯金纳忽视了将文本置于足够广泛的背景之中。波考克提出的这一批评，符合他对自己从《马基雅维利时刻》以来所进行的学术探索的自我描述。波考克现在表示，他在1975年所使用的政治概念不够全面，尤其是未能充分涵盖在17世纪和18世纪生活中发挥重要作用的神学思想。斯金纳则将他的《现代政治思想的基础》比作一艘在水线以下破损的、艰难返航的船，犹如艺术家 J. M. W. 特纳那幅精

彩的《战斗中的无畏号》画作所表现的景象。① 尽管斯金纳仍然为文艺复兴时期的罗马法和历史学在捍卫自由理想中的作用进行辩护，但他现在对自己早期在书名中使用定冠词感到遗憾，甚至对自己试图寻找现代政治思想"基础"的做法感到后悔。他承认，许多人批评这种做法与他自身的方法相悖，因为它明显带有目的论的倾向。与此同时，他也认为，尽管《现代政治思想的基础》最初是作为对他的方法论的一种辩护而构思的，但就其方法论而言，他的后续作品也必须被考虑在内。这一点对于任何想要界定思想史的人来说都是重要的，因为它标志着在这一刻，斯金纳试图驳斥对他的嗜古癖和无关现实的指责。

---

① Quentin Skinner, "Surveying *The Foundations*: A Retrospect and Reassessment", in Brett and Tully eds., *Rethinking the Foundations of Modern Political Thought*, p. 261.

第五章

思想史的适用性

在《现代政治思想的基础》之后，斯金纳发表了关于马基雅维利的开创性研究。① 不过，让他得以超越《现代政治思想的基础》一书终点的作品，是他新增的研究方向——托马斯·霍布斯的政治哲学。斯金纳在《霍布斯哲学中的理性与修辞》（1996）一书中特别阐述了剑桥学派的方法，前五章专门致力于详尽地重建霍布斯在都铎时期的英格兰接受教育时可能接触到的各种修辞手法。斯金纳注意到，霍布斯在他早期的《法律要素》（Elements of Law）和《公民论》（De Cive）中拒绝了古典修辞的比喻手法。霍布斯认为，亚里士多德不该有的过度影响力造成了腐蚀性的结果，而古典修辞的使用即为表现之一。在这些作品中，霍布斯的意图是，用一套清晰明确且经过科学验证的政治公理来压倒他所认为的诡辩和变化无常的论证

---

① Quentin Skinner, "Machiavelli's *Discorsi* and the Pre-humanist Origins of Republican Ideas" and "The Republican Ideal of Political Liberty", in G. Bock, Q. Skinner and M. Viroli eds., *Machiavelli and Republicanism* (Cambridge: Cambridge University Press, 1990), pp. 121-141, 293-309.

方式。这些论证方式是演说家们所偏爱的,他们的最大追求是能够以同样的力度让听众相信某个主张是真实的,然后再说服他们相信这个主张是虚假的。然而,随着英国内战的爆发,霍布斯得出了一个令人悲哀的结论:修辞是政治中必不可少的一部分。这就解释了他为什么在1642年出版的《公民论》和1651年出版的《利维坦》之间改变立场。在《利维坦》中,他运用了所有的修辞技巧来说服他的读者。人们通常把"唯有自身利益具有社会力量"这一观点跟霍布斯联系在一起,但实际上,这里可以显示出,霍布斯承认,为了使论点具有说服力,需要遵循古典修辞学的标准来构建它们,以便能够吸引那些非理性的、以自我为中心的人。换句话说,他意识到周围政治环境的短期性质,并试图通过修辞手法来推动政治参与者做出符合其真正长期利益的决策。

与此同时,斯金纳越来越关注的是这样一种指责,即他切断了政治思想史与政治哲学之间的联系。当然,他曾被指责要求每位哲学家都成为历史学家,并认为研究者对文本所能提出的问题是有限的,因为只有源于意识形态背景知识的问题才是合法的。在《自由主义之前的自由》(1998)及若干篇关于现代自由观念的起源和性质的文章中,斯金纳着手反驳了对其嗜古癖的指责。① 为达成这一目

---

① Quentin Skinner, "The Idea of Negative Liberty: Philosophical and Historical Perspectives", in R. Rorty, J. B. Schneewind and Q. Skinner eds., *Philosophy in History: Essays in the Historiography of Philosophy* (Cambridge: Cambridge University Press, 1984), pp.193-221; "The Paradoxes of Political Liberty" in S. M. McMurrin ed., *The Tanner Lectures on Human Values*, vol. VII (Cambridge: Cambridge University Press, 1986), pp. 225-250; "A Third Concept of Liberty", *Proceedings of the British Academy*, 117 (2002), pp. 237-268.

第五章　思想史的适用性

标,他采取的论证是,那些过去被忽视并因各种原因被遗忘的政治论点可以被重新发现,并应用于当今的政治。思想史现在的任务之一就在此处。这一任务最直接地突显了该学科对研究当下和过去的人们的双重价值。斯金纳的例子来自17世纪40年代。在这一历史时期,他识别出两种对立的政治自由观念。早期现代史的争论主要围绕自由观展开。一方是"罗马式"自由观的支持者,他们认为理想的公民应是制定法律并遵循一套道德准则生活的人;另一方是"哥特式"自由观的支持者,他们主张自由源于土地所有权,而这种权利受到法律的保护。哥特式公民并不制定法律,但寻求在法律下生活,同时仅最小限度地参与国家事务。在17世纪,哥特式观点的主要代表是霍布斯。还有一群新罗马派人士试图与霍布斯对抗,其中包括作家马查蒙特·内德姆(Marchamont Nedham)、诗人兼公务员约翰·弥尔顿(John Milton)、士兵兼乡绅詹姆斯·哈林顿、政治家阿尔杰农·西德尼(Algernon Sidney)以及作家和讽刺作家亨利·内维尔(Henry Neville)。两个团体都嘲笑亨利·帕克所代表的"君主反对者"阵营。亨利·帕克是一位英国律师,也是议会事业的捍卫者,他主张主权属于人民,人民将他们的自由委托给统治者。①

斯金纳主张,他重新发现了一种独特的自由观,这种观点是在查理一世被处决后提出的,当时包括弥尔顿和内德姆在内的一些人正在为新的英联邦辩护。他们认为,一个政治团体的行动必须由

---

① Quentin Skinner, *Liberty before Liberalism* (Cambridge: Cambridge University Press, 1998), pp. 12, 21; *The Foundations of Modern Political Thought* (Cambridge: Cambridge University Press, 1978), vol. II, pp. 302-348.

其成员的意志决定。与此同时，他们批评民主制度，在民主制度中人民成为自己的管理者，这就导致了无知者和野蛮者的统治。相比之下，他们所支持的代议制政府是一种确保由最合适的人来治理的手段，这些人是最有德行和最有智慧的。弥尔顿和内德姆承认，制定鼓励人民行善的法律是必要的，并接受有时需要通过强制手段来实现人民的自由。然而，他们的核心意图是谴责政府行使特殊权力。斯金纳看出这一点具有根本的重要性，而且在克伦威尔及其政权普遍关注宗教纯洁性和社会纪律需求的背景下，这是一种勇敢的举动。弥尔顿和内德姆认为，行政权力的存在使臣民或公民失去了自由。即使这些权力没有被行使，这种权力的存在对生命和财产构成的威胁也完全是不合法的、不可接受的。因此，他们不仅反对英联邦的一些著名政治家，还反对霍布斯对自由人的定义。霍布斯认为，自由人是指在身体上不受限制，简单来说，就是"没有被阻碍去做他想做的事情"的人。弥尔顿和内德姆则借助罗马历史学家和道德家萨卢斯特、塞涅卡以及塔西佗对自由的辩护，赞美了公民自由和政治行动。①

在斯金纳看来，新罗马派理论的本质被詹姆斯·哈林顿巧妙地捕捉到了。在他的《大洋国》(1656) 一书中，哈林顿回应了霍布斯的著名观点。霍布斯声称，意大利卢卡 (Lucca) 城堡上宣示的自由是虚幻的，因为在法律的框架内，公民所享有的自由程度并不比在苏丹统治下更多。哈林顿表示，"即使是君士坦丁堡地位最高的大

---

① Skinner, *Liberty before Liberalism*, pp.17-23, 84-87.

第五章　思想史的适用性

臣,也不过是暂时保有其项上人头",因为苏丹拥有可以处死任何臣民的权力。这种权力的存在构成了巨大的威胁,以至于真正实施杀戮的情况可能极为罕见。苏丹拥有杀戮的能力本身就和他实际行使这种权力一样是个大问题。斯金纳总结道,新罗马派理论的思想特征在于,他们对抗衡政府权力的某些公民权利表现出一种执着。因此,它构成了现代政治的一种重要的古典遗产。斯金纳至今仍在努力重申这样一种观点:只有当一个人不受直接胁迫,以及不受胁迫的威胁或可能性影响时,他才能被视为自由的。与菲利普·佩蒂特等哲学家一道,斯金纳断言,当代人必须警惕这样一种假设:我们实际上是自由的。佩蒂特在《共和主义:自由与政府理论》一书中表达了类似的观点。① 在斯金纳和佩蒂特看来,有大量实例表明,由于国家权力或者政府之外的大型组织所具有的胁迫潜力,我们并不自由。

　　当代西方政治理论中有一种倾向,即像以赛亚·伯林 1958 年在牛津大学那场著名演讲中所做的那样,将自由区分为积极自由和消极自由两种概念。② 斯金纳确信,通过重拾一种被遗忘的自由传统,他能够纠正这种倾向。根据斯金纳的观点,这种倾向导致在政治论争中采取非此即彼的自由主义或左翼的立场。斯金纳所描述的新罗马派传统旨在打破这种分裂,提醒双方,即便胁迫性权力的威胁鲜少被实际

---

① Philip Pettit, *Republicanism: A Theory of Freedom and Government* (Oxford: Oxford University Press, 1997).

② Isaiah Berlin, "Two Concepts of Liberty", in *Four Essays on Liberty* (Oxford: Oxford University Press, 1969).

施行，公民自由仍然岌岌可危，保护这些自由依然至关重要。因此，斯金纳的历史研究巧妙地契合了他对公民自由理念的信念，这种理念比古典自由主义更具包容性。斯金纳和佩蒂特更明确地论证了这样一种观点：如果一个人不受法律的或议会代表制与同意机制的保护，那么他就处于被奴役的状态。

有一段历史叙述为斯金纳参与当代世界关于自由的辩论提供了支持。这涉及新罗马派理论的兴衰历程及其在政治论辩中的重要性，特别是它在 19 世纪衰落之前的影响。在斯金纳看来，新罗马派理论对挑战查理一世的统治并建立短命的英格兰共和国的共和派产生了"最具影响力的作用"。斯金纳声称，新罗马派理论通过亨利·圣约翰（第一代博林布鲁克子爵）、理查德·普莱斯（Richard Price）和托马斯·杰斐逊的著作和行动，影响了 18 世纪末北美和法国的革命运动。然而，新罗马派视角对自由的理解在 19 世纪几乎完全消失了。部分原因在于社会的变革。支持新罗马派思想的人大多是独立的乡绅。然而，随着社会的日益商业化，这些乡绅逐渐衰落，从而导致关注国家行政行为对自由潜在威胁的人越来越少。更重要的是，像杰里米·边沁这样的新霍布斯主义者猛烈批评新罗马派的主张，认为它不合逻辑。边沁认为，只要人们在实际生活中没有被强制，他们实际上就是自由的，也不处于依赖的状态。①

斯金纳强调，新罗马派理论不是自由主义的一个分支。他进一

---

① Quentin Skinner, "A Third Concept of Liberty", in *Proceedings of the British Academy*, vol. 117 (Oxford: Oxford University Press, 2003); *Liberty before Liberalism*, pp. 84-85.

第五章　思想史的适用性

步指出,重建新罗马派理论兴衰的历史非常重要,因为这可以为我们提供一个审视自由主义历史的视角,并可能促使我们质疑自由主义在各种潜在政治理论中至高无上的地位。这项工作的一部分是揭示霍布斯在多大程度上反对罗马关于自由的观念,并强调他的思想在1668年拉丁文版《利维坦》出版时究竟发展到了何种程度。[①] 对于那种认为思想史家只需要待在研究室里、专注于已出版书籍的嘲讽,斯金纳细致的文本和手稿研究本身就已经是驳斥。斯金纳的著作,数量之多,范围之广,突显了他证明思想史工作适用性的使命热情:既是为了丰富历史知识,也是为了提供论据,挑战现代政治思想中自由主义意识形态的主导地位。正如他所写的:

> 思想史家有助于我们理解,我们当前生活方式中所体现的价值观,以及我们当前对这些价值观的思考方式,是在不同时期面对不同可能世界时所做的一系列选择的产物。有了这种意识,对于这些价值观及其应如何解释和理解,我们就有可能从任何霸权性的叙述中解放出来。[②]

最近有人概括斯金纳的研究工作是"从方法到政治",这一总结是在2009年纽约城市大学研究生中心专门讨论他作品的研讨会上做

[①] Quentin Skinner, *Hobbes and Republican Liberty* (Cambridge: Cambridge University Press, 2007); "On the Liberty of the Ancients and the Moderns: A Reply to My Critics", *Journal of the History of Ideas*, 73/1 (2012), pp.127-146.

[②] Skinner, *Liberty before Liberalism*, pp.116-117.

出的。他仍然是不知疲倦的思想史研究倡导者，也是该领域在全球范围内最著名的阐述者。他的著作因常常引发争议而声名远扬，而且随着时间的推移，这种争议愈演愈烈。① 思想史领域是否有进步，人们对此一直存在争议。然而，如果先读伯林的作品，再读斯金纳的作品，这种变化的感觉是显而易见的。至少对读者来说，斯金纳的写作笔触清晰而敏锐，避免了一些伯林文章的概括和简化。伯林极其善于表达，他的许多隐喻性区分启发了一代又一代的学者和评论者，例如刺猬只知道一件事并通过这一大智来看待世界，而狐狸却知道许多事情并且拒绝一元论。② 伯林的论文往往以出人意料的对比和比较为其特色，比如他通过托尔斯泰与德·迈斯特之间的对比，来阐释《战争与和平》这部小说中的历史观念。运用这种技巧，意味着伯林能够将某一专门领域介绍给新的读者群体，就像他在经典作品《俄罗斯思想家》（1978）中所做的那样，但是这也意味着，对其中有些作者的分析会缺乏深度，脱离历史背景。斯金纳关于安布罗乔·洛伦泽蒂（Ambrogio Lorenzetti）所创作的 14 世纪壁画《西

---

① 从 20 世纪 90 年代至今持续的批评，参见 Mark Bevir, "The Errors of Linguistic Contextualism", in *History and Theory*, 31 (1992), pp. 276-298 and "Mind and Method in the History of Ideas", *History and Theory*, 36 (1997), pp.167-189; François Dosse, *La Marche des idées. His-toire des intellectuels-histoire intellectuelle* (Paris: La Découverte, 2003); Joseph M. Levine, "Intellectual History as History", *Journal of the History of Ideas*, 66/2 (2005), pp.189-200; Emile Perreau-Saussine, "Quentin Skinner in Context", *The Review of Politics*, 69/1 (2007), pp.106-122; Robert Lamb, "Quentin Skinner's Revised Historical Contextualism: A Critique", *History of the Human Sciences*, 22/3 (2009), pp. 51-73。

② Isaiah Berlin, *The Hedgehog and the Fox: An Essay on Tolstoy's View of History* (London: Weidenfeld & Nicolson, 1953).

第五章　思想史的适用性

恩纳市政厅中的善政与恶政寓言》的文章，在风格上不如伯林那样通俗易懂，但它让读者感受到该主题的深度及其重要性，这正是优秀的思想史写作的典型特征。[1]

近年来，有关方法论的批评往往集中于探讨，是否可能在不借助语言语境主义的情况下解释历史观念。这一观点在杰里·科恩（Jerry Cohen）的《卡尔·马克思的历史理论：一种辩护》(1978) 和《道德与政治哲学史讲演》(2013)，以及杰里米·沃尔德伦（Jeremy Waldron）的《上帝、洛克与平等》(2002) 中有所体现。斯金纳的回应一直是，如果分析哲学的方法能够专注于解决问题，并避免对哲学史做出无视历史背景的论断，那么这些方法是没有问题的。这是他在 1984 年与 J. B. 施尼文德和理查德·罗蒂共同提出的观点，而罗蒂则通过区分他认为完全有效的哲学问题分析研究与思想史研究这两种方式，进一步展开了这一论点。[2] 然而，与此同时，斯金纳也主张，哲学家能够从思想史中获益良多。他们不仅可以体会历史人物在解决问题时所面临的挑战，还能了解历史人物在做出政治决策时所拥有的不同选择。简而言之，转向思想史研究的哲学家不仅能够理解某一言论的意义，还能认识到它在历史上的实际应用价值、对同时代人产生的影响、与当时其他观点的深度对比，以及它

---

[1] Quentin Skinner, "Ambrogio Lorenzetti's Buon Governo Fres-coes: Two Old Questions, Two New Answers", *Journal of the Warburg and Courtauld Institutes*, 62/3 (1999), pp.1-28.

[2] Rorty, Schneewind and Skinner eds., *Philosophy in History*, pp.1-14; Richard Rorty, "The Historiography of Philosophy: Four Genres", in Rorty, Schneewind and Skinner eds., *Philosophy in History*, pp.49-75.

在多大程度上说服了原本希望影响的对象。哲学家对此的回应是：考虑到哲学家们不同的关注点和追求，时代错置有什么问题吗？① 而其他人则决定"对哲学史说不"。② 将哲学家和历史学家结合在一起的其他方法，例如伊恩·亨特（Ian Hunter）强调通过哲学家的角色来解释历史理论，比斯金纳的努力取得了更大的成功。③ 即便斯金纳未能成功将两者结合起来，他至少刺激了哲学史研究的活跃发展，而这一领域无疑正蓬勃兴盛。④ 虽然斯金纳逐渐接受了哲学家在论证中也使用历史证据，但其他一些思想史学者则显得更加有对立意识。伊恩·亨特批判新康德主义派的哲学史观点及其对人文学科的影响，就是一个绝佳的例子，值得每一位思想史学者认真研读。⑤

---

① Jonathan Rée, "The Vanity of Historicism", *New Literary History*, 22 (1991), pp. 961-983.

② Leo Catana, "Intellectual History and the History of Philosophy", in Richard Whatmore and Brian Young eds., *Companion to Intellectual History* (Oxford: Wiley-Blackwell, 2015).

③ Ian Hunter, "The History of Philosophy and the Persona of the Philosopher", *Modern Intellectual History*, 4 (2007), pp. 571-600; Ian Hunter and Conal Condren, "The Persona of the Philosopher in the Eighteenth Century", *Intellectual History Review*, 18 (2008), pp. 315-317; Ian Hunter, Conal Condren and Stephen Gaukroger eds., *The Philosopher in Early Modern Europe: The Nature of a Contested Identity* (Cambridge: Cambridge University Press, 2006).

④ Knud Haakonssen, "The History of Eighteenth-Century Philosophy: History or Philosophy?" in Haakonssen ed., *The Cambridge History of Eighteenth-Century Philosophy* (Cambridge: Cambridge University Press, 2006), pp. 3-25; Leo Catana, *The Historiographical Concept "System of Philosophy": Its Origin, Nature, Influence and Legitimacy* (Leiden and Boston: Brill, 2008) and "Philosophical Problems in the History of Philosophy: What are They?", in Mogens Læke, Justin E. H. Smith and Eric Schliesser eds., *Philosophy and Its History: New Essays on the Methods and Aims of Research in the History of Philosophy* (Oxford: Oxford University Press, 2013), pp.115-133.

⑤ Ian Hunter, "The Mythos, Ethos, and Pathos of the Humanities", *History of European Ideas*, 40 (2014), pp.11-36.

第五章 思想史的适用性

与哲学家相比，思想史学者往往对斯金纳的方法在历史问题中的应用持质疑态度。斯金纳专注于用一个固定的"自由"概念来定义一种发展中的历史思想流派，这一流派与他个人的政治哲学是相同的，并被认为与现代政治问题直接相关。这种做法被比作他在《意义与理解》一文中加以批判的基于预设的方法。斯金纳笔下描述的人物从未自称为新罗马派，也没有将自己或同行视为某种自由观念的捍卫者，这一事实导致有人指责斯金纳的分类是非历史的，或者说至少是误导性的，因为这些分类并非历史人物实际使用的概念。尽管斯金纳可谓近年在促进哲学家和思想史家之间的对话方面贡献最大之人，但他却遭到了两方人士的指责，说他过于倾向于历史学家，或者过于倾向于哲学家。他对政治的定义是由精确但狭隘的概念构成的，可以通过对以赛亚·伯林20世纪中期关于自由的讨论的批判来解释。然而，这种定义也被描述为过于粗糙的现代早期历史分析的工具，部分原因在于波考克、乔纳森·克拉克、安东尼·沃特曼、科林·基德等人在研究现代早期政治以及神学和政治经济学方面所取得的成功。① 斯金纳在《自由主义之前的自由》中声称，新罗马派关于"公民自由"的理念是"严格的政治性的"。这一点很奇怪，因为这意味着声称新罗马派采用了一种狭隘的政治概念，而事

---

① J. C. D. Clark, *English Society, 1688-1832: Ideology, Social Structure, and Political Practice During the Ancien Regime* (Cambridge: Cambridge University Press, 1985), revised as *English Society 1660-1832: Religion, Ideology and Politics During the Ancien Regime* (Cambridge: Cambridge University Press, 2000); Colin Kidd, *The Forging of Races: Race and Scripture in the Protestant Atlantic World, 1600-2000* (Cambridge: Cambridge University Press, 2006).

实上这种概念在他们的任何著作中都难以找到。斯金纳暗示，作为新罗马派，他们对于基督教政体的本质，以及被认为对维护安全至关重要的国际竞争形式并不感兴趣。这是一个错误。

如果我们认识到，斯金纳的主要目标是厘清17世纪英格兰关于自由意义的复杂争论，同时有价值地提醒读者，自由主义本身就是一种历史构建，那么一些批评就显得没有击中要害。斯金纳仍然是对历史论证进行语境化阅读的大师，他关于国家概念的持续研究以及他关于莎士比亚的新作都进一步证明了这一点。① 然而，随着非人格化国家的兴起在斯金纳对现代政治思想的解读中占据核心位置，对他而言，一个真正的问题是：自17世纪末以来，人们如何回应伴随商业君主制——它能够利用公共信贷发动战争——的兴起而出现的重大态度转变。约翰·邓恩本人早些时候就指出了这个问题，他认为斯金纳对政治的定义过于狭隘，与现代商业和奢侈品的世界关系不大。② 邓恩主张，斯金纳没有认真对待现代政治的经济限制，这种限制体现在国家债务及其对国家安全的影响上，而这些问题自18世纪初以来一直主导着政治讨论。波考克同样指出了这一点，他始终关注与18世纪初金融革命相伴而来的政治变革。③

---

① Quentin Skinner, "A Genealogy of the Modern State", *Proceedings of the British Academy*, vol. 162 (Oxford: Oxford University Press, 2008), pp. 325-370; *Forensic Shakespeare* (Oxford: Oxford University Press, 2014).

② John Dunn, "The Identity of the Bourgeois Liberal Republic", in Bianca Fontana ed., *The Invention of the Modern Republic* (Cambridge: Cambridge University Press, 1994), pp. 209-210.

③ J. G. A. Pocock, "Quentin Skinner. The History of Politics and the Politics of History", *Common Knowledge*, 10 (2004), pp. 532-550.

第五章　思想史的适用性

情况确实如此，当斯金纳讨论18世纪时，他的分类显得问题重重。将新霍布斯派与新罗马派对立起来，并以杰里米·边沁对阵理查德·普莱斯为例，意义不大，因为这两人在普莱斯生前一直认为彼此之间没有任何分歧，并且在自由的性质和他们的赞助人威廉·佩蒂（第二代谢尔本伯爵）的政治计划上也不存在冲突。将"新罗马派"这一分类应用于本杰明·康斯坦（Benjamin Constant）这样的法国思想家或德·西斯蒙第（Simonde de Sismondi）这样的日内瓦人，引发了一些批评，这些批评促使斯金纳对自己的论点进行了修改。① 由此可以得出的结论，并不是否定斯金纳关于18世纪及其后时期的所有研究，而是要指出，18世纪确实发生了一些事情，改变了西方政治的本质。如果我们想理解那些持续影响当今政治的意识形态的本质，就需要从政治学、政治经济学和神学之间的关系入手。

在约翰·邓恩看来，在他的剑桥同事，已故的伊斯特凡·洪特的作品中可以发现现代政治思想的真正基础。在《贸易的猜忌》（2005）以及其他著述中，洪特描述了在大卫·休谟试图反驳伯纳德·曼德维尔（Bernard Mandeville）关于商业社会的观点之后，二人围绕经济的政治控制与政治的经济控制之间关系展开的争论。洪特还坚持了一种比斯金纳更具雄心的思想史视角。他将思想史视为一门至关重要的学科，通过历史分析，可以评估现代意识形态，揭示其中的

---

① Bryen Garsten, "Liberalism and the Rhetorical Vision of Politics", *Journal of the History of Ideas*, 73/1 (2012), pp. 83-93; Nadia Urbinati, "Republicanism after the French Revolution: The Case of Simonde de Sismondi", *Journal of the History of Ideas*, 73/1 (2012), pp. 95-109.

优劣之处。20世纪政治理论的问题在于对现实主义或自由主义思想传统的执着,这些传统建立在以特定历史叙述为其辩护的"隧道式历史"(tunnel histories)之上。这些隧道历史的缺陷在于,它们不能解决经济的政治化议题。而这一议题改变了17世纪最后几十年的思想生活,并催生了18世纪关于政治与经济关系的一系列卓越研究。洪特认为,由于法国大革命结束后出现的腐化意识形态,学者们已经不再具备理解18世纪思想的能力。当洪特说19世纪和20世纪在政治思想方面是"二流的",他并不是在开玩笑。理解现代政治需要深入审视"政治与经济相互依存首次成为政治理论核心议题的时期"。洪特在《贸易的猜忌》一书中的目标是重新回到大卫·休谟和亚当·斯密的思想。通过不依赖当代意识形态重构他们的政治理论,可以"揭示出18世纪国际市场竞争理论中的政治见解,而这些见解在21世纪依然具有重要意义"。这正是思想史的任务,其最有价值之处在于,"揭开并打破僵局,同时消除不断重复的争论模式"。《贸易的猜忌》直截了当地"提供了这样一种历史,目光坚定地注视着当今的挑战"。① 迈克尔·索南谢尔(Michael Sonenscher)和贝拉·卡波西(Béla Kapossy)的作品,也都体现了通过洪特视角发现的思想史是什么样子。② 两位学者都曾与洪特密切合作。

---

① István Hont, *Jealousy of Trade: International Competition and the Nation-State in Historical Perspective* (Cambridge, MA: Harvard University Press, 2006), pp. 2-5.

② Béla Kapossy, *Iselin contra Rousseau: Sociable Patriotism and the History of Mankind* (Basel: Schwabe, 2006); Michael Sonenscher, *Before the Deluge: Public Debt, Inequality, and the Intellectual Origins of the French Revolution* (Princeton, NJ: Princeton University Press, 2007); *Sans-Culottes: An Eighteenth-Century Emblem in the French Revolution* (Princeton, NJ: Princeton University Press, 2008).

第五章　思想史的适用性

洪特为思想史家制定的规划基于这样一种观点：想要理解现代政治，既不能依赖霍布斯，也不能依赖马克思。实际上，他们已经对几代哲学家和历史学家产生了巨大影响。对于洪特来说，霍布斯只是部分地"现代"，因为他没有充分分析商业与国家之间的关系。洪特将霍布斯称为文艺复兴人文主义者的最后代表之一，理由是"经济在他的政治理论中没有占据任何重要地位"；霍布斯的思想与对斯金纳作品的当代批评相呼应，"几乎完全是一种纯粹的政治观点"。而在马克思的作品中可以发现相反的问题。在洪特看来，马克思试图用"一种摒除了私有财产及其政治保护者——国家的扭曲影响，真正体现人类效用的纯粹交换经济"来取代政治。洪特对此有直接经验，因为他在共产主义的匈牙利长大，20世纪70年代与妻子安娜·洪特一起叛逃到英国。他指出，目前主要关注的两个问题是：是否可以脱离政治而独立审视经济，或者，经济和政治是否复杂地交织在一起，因为"现代代议制共和国……与市场存在一种选择性亲和关系"。要解决这些问题，我们需要回到那些"分析深度"从未被超越的思想家——休谟和斯密，因为他们对"未来的愿景，即由竞争性商业国家组成的全球市场……仍然值得我们关注"。①

洪特承认，波考克在《马基雅维利时刻》中对针对市场的共和式批评所做的重构工作具有重要意义，即将贸易嫉妒视为战争和国际竞争的根源。他进一步接受波考克的主张，即自然法法学家和政治经济学家在将共和思想与战争倾向联系起来方面发挥了突出的作

---

① Hont, *Jealousy of Trade*, p. 4.

用。共和主义的好战倾向被视为"国家间嫉妒"的自然根源。为了实现和平,就要把这种倾向从政治生活中移除。洪特的深刻洞见在于,文艺复兴时期的共和主义与商业现代性之间形成了重要的政治协同效应,这种协同效应主要体现在"追求国家强盛的共和主义理论与强调全球市场的现代政治"之间。① 将"国家理性"这一狭隘的自我利益观应用于国际商业,便表现为对贸易的猜忌。在共和政体中,强调自卫同样与共和爱国主义紧密结合在一起。因此,共和爱国主义与国家理性就为针对欧洲以外较弱国家的帝国主义企图提供了正当性。许多这样的国家要么成为欧洲帝国的一部分,要么受到经济上的支配。当国家理性和共和爱国主义被应用于欧洲各国之间的贸易时,催生了截然不同的国家政治形式。在洪特看来,18世纪以对抗"垄断者"为由进行的战争得到了广泛的正当化,与此同时,旨在破坏邻国贸易的经济手段也变得司空见惯。一个典型的例子就是英国对爱尔兰的打压,因为爱尔兰的经济潜力被视为对英国贸易的威胁。一个更加不稳定的世界逐渐浮现,在这个世界中,为了经济利益而发动的战争屡见不鲜。按照洪特的看法,关于我们这个世界的思想史,尤其是政治与政治经济学之间关系的探索才刚刚起步。洪特感兴趣的问题是,国家理性这一概念如何影响并削弱了传统上以美德为根基的政治方法。这一转变创造了一个民族主义、重商主义和种族中心主义的世界。它还营造了一个虚假民主的世界,这种虚假在于人们实际上被阻止参与政治活动,并被排除在政治决

---

① Hont, *Jealousy of Trade*, p. 11.

第五章 思想史的适用性

策之外。这就是启蒙运动的阴暗面。

从这个视角审视历史，洪特建议"抛弃 19 世纪和 20 世纪的概念包袱"，拒绝在自由主义和马克思主义之间寻找第三条道路的想法，并且对现代性的概念持不信任态度。他确信，还会有许多思想史著作仍然以"应用政治意识形态"的形式撰写而成。① 赫伯特·巴特菲尔德指出，辉格史观是一种支持英国民族主义的历史解释。辉格派历史学家通过将 19 世纪新世界的创造与历史和国内传统衔接起来，掩盖了其真实的形成过程。通过这种做法，他们塑造了一种"虚假的历史意识"。在洪特看来，关于剑桥学派的关键事实在于他们致力于进一步推进巴特菲尔德的使命。剑桥学派通过两条途径实现了这一目标。首先是，波考克探讨了马基雅维利的影响。洪特将英国的马基雅维利主义称为"辉格史观的载体话语"，特别强调两位学者之间的联系；当然，波考克确实于 1952 年在巴特菲尔德的指导下完成了他的博士论文。在洪特看来，剑桥学派值得关注的第二个分支是邓肯·福布斯（Duncan Forbes）的作品。在 20 世纪 60 年代和 70 年代，福布斯以详尽的细节展示了休谟对"庸俗辉格派"主张的反驳，即所谓新教和叛乱建立了英国自由。② 相反，在休谟的"怀疑的辉格党叙事"中，公民自由是一切形式自由的基础；它不仅依

---

① István Hont, "The Cambridge Moment: Virtue, History and Public Philosophy", 未发表的演讲, December 2005, Chiba University: István Hont Archive, St Andrews Institute of Intellectual History, pp. 11-13。

② Duncan Forbes, *Hume's Philosophical Politics* (Cambridge: Cambridge University Press, 1975).

赖于财产安全,还通过商业的逐步增长而得以确立。所谓的原始撒克逊自由并不存在,公民自由也不以政治自由的先行引入为前提。对于休谟而言,完全有可能在整个欧洲引入公民自由,而无须重演17世纪的英国内战。洪特认为自己的工作是在推进福布斯的解释,他通过纠正福布斯"对政治经济学的忽视"来实现这一点。亚当·斯密的成就在于,他在休谟观点的基础上,从商业角度解释了现代自由的来源,并且更加精确地揭示了其起源。对斯密而言,奢侈品既削弱了罗马帝国,也削弱了封建欧洲的政体。然而,当罗马帝国衰落时,几个以商业为主的罗马城市幸存下来,并维持着它们与东方长期运转的贸易路线。正是大型君主制国家中封建精英对东方奢侈品的沉迷,削弱了他们的社会和政治权力。根据洪特重新诠释的斯密观点,文艺复兴时期的共和主义并非欧洲自由的源头。意大利城市之所以在经济方面得到发展,并因此推动了贵族自治政体的形成,主要归功于它们在十字军东征期间对欧洲各君主国家的供应和支持。斯密得出一个令人沮丧的结论:欧洲的自由并非源自政治自由。他接受了洪特提出的看法,"政治和商业的代理人总是追逐短期利益,看不到长期后果"。商业的兴起仅仅因为战争的经济需求,这种需求造就了一批重视公民自由的军事精英。公民自由在全欧洲的传播"是奢侈和战争共同作用的结果"。

对斯密来说,关于欧洲经济发展的一个重要核心信息是,它是在洪特所称的"逆序"(reverse order)中实现的。换句话说,这一进程始于罗马时期相当成熟的奢侈品长途贸易;随后,国内贸易逐步

第五章　思想史的适用性

展开，直至一切就绪之后，农业才实现了商业化。广为人知的是，斯密反对在18世纪70和80年代常见的重农主义以及流行的重商主义的政治和经济改革策略。洪特认为，斯密《国富论》的伟大成就在于设计了一种"既能纠正经济问题，又不干扰欧洲独特经济和政治格局的策略"。从这个意义上说，这本书是捍卫公民自由及其独特的欧洲经济前提的伟大著作，或许可以说是最伟大的著作。斯密和休谟一样，成功地打破了关于欧洲自由历史的幻想，以及将其与古代自由传统或现代政治自由形式联系在一起的假设。在洪特看来，当历史学家坚持特定立场时，就会发展出无法避免目的论的"隧道式历史"。当思想史学家将共和主义或自然法视为欧洲自由发展历程中的核心力量时，这种情况就会发生。从洪特的视角来看，20世纪70年代剑桥发生的事情可以被描述为一个"反对派"（anti-school）的形成。这一群体汇集了不同背景的学者，他们对自由主义、马克思主义、施特劳斯派以及后现代主义的历史方法持怀疑态度。任何认识到当代意识形态未能理解经济与政治之间的关系，并且认为可以通过思想史研究来揭示这种关系的人，都可以被称为这一群体的一员。

　　波考克对于有关思想史与当代生活问题无关的指责做出的回应，展现了他一贯的独特风格。最近的几十年里，他基本上避免涉足政治哲学领域，并持续在有政治思维的人与有历史视野的人之间做出区分。在勾勒早期现代宏大历史叙事方面，波考克做出了无人能及的贡献。他不仅揭示了这些叙事对于其作者自身的意义，更为重要的是，他阐明了这些叙事对于那些在政治、神学和

经济争论中引用它们的读者的重要性。他揭示出，历史叙事通常不仅包含关于某一共同体起源的故事，还包括该共同体如何保持其连续性的叙述。这些叙事不断受到挑战，被修订，然后再度面临挑战，如此反复循环。①在波考克看来，这类叙事构成了个人性格的一个要素，其重要性不亚于个人身份的传统定义。《马基雅维利时刻》的核心主题之一，是随着社会商业化的进程，人们对于统一人格丧失的恐惧日益加深。对于公民人文主义者或之后的共和主义者而言，自由与"维持在历史中采取行动所必需的人格统一"密切相关。历史，尤其是在18世纪，成为一个"让这种统一性变得不稳定"的过程。历史叙事之所以重要，是因为它们不仅描绘了历史中人格面临的问题，还探索了应对统一性丧失的潜在解决方案。②

近年来，波考克担心他在启蒙时代识别出的过程在今天正在加速，因为随着欧洲及其他地区联邦关系的增加，主权的丧失也在加剧。考虑到他出生于伦敦，但在新西兰长大，并且来自一个有四代移民历史的家庭，他对身份的崩溃及其后果特别感兴趣，这并不令人意外。确切地说，这种情况发生在1973年，当时英国加入了欧洲共同市场，放弃了新西兰和其他的英联邦成员国，让它们自生自灭。几十年来，波考克一直要求从更广阔的视角来理解英国历史，

---

① John Pocock, "The Politics of Historiography", in *Political Thought and History. Essays on Theory and Method* (Cambridge: Cambridge University Press, 2009).

② J. G. A. Pocock, *The Machiavellian Moment: Florentine Political Thought and the Atlantic Republican Tradition* (Princeton NJ: Princeton University Press, 1975), p. 572.

第五章 思想史的适用性

将其视为一个曾经的帝国,其边缘地带与"小英格兰"中心同样具有启示性。波考克尤其强调英国在他所称的"大西洋群岛"中的重要地位。对他来说,这种方法在反思历史和国家身份时,总是引发关于统治、臣属地位与主权的各种争论。他的个人经历使他成为一种稀有的类型,如科林·基德所说,是一位"自由派的对欧洲持怀疑态度的知识分子"。①

波考克不仅关注伴随欧洲一体化政治结构成长而来的国家主权丧失问题,他更担心伴随这些政治变化而来的历史编纂问题,因为他认为英国始终是欧洲历史和认同的一个重要组成部分。当然,英国和欧洲之间的联系和关系一直存在,但波考克认为,这样一种假设是错误的,即认为英国可以轻而易举地被纳入英国传统上反对的各种大陆叙事之中。他的历史著作,以《野蛮与宗教》为巅峰,批判了将欧洲视为一个大陆的观念,认为它从来不过是一个次大陆,即庞大的欧亚大陆的一个半岛。在当代历史编纂学中,波考克批判了他称之为"后历史文化"的现象。尤其是受到后现代叙事的影响——如认为"作者已死"或关于过去和现在的知识无法获取,这种文化倾向于彻底放弃历史叙述。波考克质疑所谓的"后历史意识形态"是否标志着历史主体的最终瓦解。这种意识形态的特点是认

---

① Colin Kidd, "Europe, What Europe?", review of J. G. A. Pocock, *The Discovery of Islands: Essays in British History, Barbarism and Religion.* Vol. III: *The First Decline and Fall* and *Barbarism and Religion.* Vol. IV: *Barbarians, Savages and Empires, London Review of Books* 30/21 (2008): 16-17.

什么是思想史

为所有历史都是作者发明的产物。① 与此同时,他提醒读者"斗争仍在继续,尚未结束"。② 对于波考克来说,理想的自由政体是多重身份能够交融并互相尊重的社会,这种状态依赖于那些不断被挑战和修正的历史叙事来维持。波考克指出,随着通信和信息传播方式的不断变革,建立这样一个政体的任务变得更加艰巨,因为这些变化进一步引发了身份的转变。他仍然相信,自我永远不会消解,而历史也不可能终结,历史叙事的创造过程将会持续下去。在波考克看来,自由政治正是促进这一过程的要素。

从一个更平实的角度来看,近年来发表的关于历史思想的研究成果如此之多,证明了思想史的重要性。很难想象,现在还有哪些作者或思想是我们了解不多的。此外,文本分析技巧使得思想史家能够向公众提供历史上作家的各种文本,采取网络在线或是传统印刷的形式,版本比以往更多。最广为人知的例子之一,是詹姆斯·伯恩斯(James Burns)、菲利普·斯科菲尔德(Philip Schofield)以及其他众多思想史学者在伦敦大学学院创建并发展的"边沁项目",编纂了边沁著作和手稿具有开创意义的版本。另一位杰出的思想史家克努兹·哈康森,因为编辑的历史作品数量之多而显得卓尔不群,但同样典型的是,他认为思想史家的角色不仅仅是为当代人解释过去的思想,还在于为后代人确立最优质的文本版本,以便他们

---

① J. G. A. Pocock, "Conclusion: History, Sovereignty, Identity", *The Discovery of Islands: Essays in British History* (Cambridge: Cambridge University Press, 2005), p. 293.

② J. G. A. Pocock, "Gaberlunzie's Return", *New Left Review*, 5 (2000), pp. 41-52.

第五章 思想史的适用性

进行研究和重新解读。《爱丁堡版托马斯·里德作品集》(*Edinburgh Edition of the Works of Thomas Reid*)就是哈孔森奉献的一个典范。许多思想史家在编辑文本的过程中融入了他们对所编辑作者思想的重新解读。彼得·戈什(Peter Ghosh)挑战了我们对马克斯·韦伯的理解,就是一个很好的例证。[①]当我们考虑到那些处于思想史研究前沿的出版商的良好状况,例如剑桥大学出版社的"语境中的思想"丛书和较早的"剑桥政治思想史文献"丛书,以及自由基金会的"自由在线图书馆"和"启蒙时代与自然法经典"丛书时,思想史所做出的贡献是显而易见的。向读者大众提供文本,并对从高到低不同层次的文本展开分析,这一事实有力反驳了关于思想史本质上是精英主义和反大众的长期说法。

这样的指责在今天依然存在,并且总是针对剑桥学派。[②]然而,很难想象有哪位思想史家会刻意回避那些被认为出自社会底层的文本。E. P. 汤普森在其1991年的著作《共同的习俗》(*Customs in Common*)中表达了这种观点,他大量收集阐述普通人看法的文本,以支持他所称的"道德经济"。他声称,亚当·斯密和其他政治经济学家在18世纪下半叶对这种观念进行了贬低。洪特和伊格纳季耶夫(Ignatieff)在其编辑的文集《财富与德性》(*Wealth and Virtue*,1981)中指出,将18世纪的辩论看作资本家与工人之间的争论,

---

[①] Peter Ghosh, *A Historian Reads Max Weber* (Wiesbaden: Harrassowitz, 2008); *Max Weber and "The Protestant Ethic". Twin Histories* (Oxford: Oxford University Press, 2014).

[②] Darrin McMahon, "The Return of the History of Ideas", in McMahon and Moyn eds., *Rethinking Modern European Intellectual History* (New York: Oxford University Press), p. 26.

是把20世纪的论点套用到历史中,从而简化了历史解释。①汤普森对此给予激烈地回应,他质疑道,对于剑桥大学国王学院的那些成员,还能有什么别的期待呢?在他看来,他们正好是两百年前那种对穷人进行谴责的思想的天然继承者。②

毫无疑问,思想史家的视角得到了验证,因为我们现在对亚当·斯密所指的财产以及启蒙时代财产权的含义有了更为细致和深入的理解。如果目标是理解斯密和他所处的世界,那么将斯密和他的政治经济学同行视为工人党的天敌是没有意义的。这一点现在之所以得到承认,是因为思想史研究的成功。确实,思想史家的重要职责之一是识别出类似汤普森这样的案例,也就是预期性解读的情况,因为汤普森在诠释历史记录时融入了后来的思想。唐纳德·温奇在一篇文章中指出,类似的预期性解读行为可以在对19世纪英国的研究中找到,例如F. R. 利维斯、E. P. 汤普森和雷蒙德·威廉斯的研究,这些研究将当时的辩论描绘为浪漫主义者(好的)与功利主义者(坏的)之间的对抗。③对于任何对思想史感兴趣的人来说,这篇文章都是理想的起点。这些历史学家希望在当下建立一个没有市场和物质主义的新"耶路撒冷",这种愿望

---

① István Hont and Michael Ignatieff, *Wealth and Virtue: The Shaping of Political Economy in the Scottish Enlightenment* (Cambridge: Cambridge University Press, 1981), pp. 14-15.

② E. P. Thompson, *Customs in Common: Studies in Traditional Popular Culture* (London: Merlin Press, 1991), pp. 274-285, 350-351.

③ Donald Winch, 'Mr Gradgrind and Jerusalem', in *Wealth and Life. Essays on the Intellectual History of Political Economy in Britain, 1848-1914* (Cambridge: Cambridge University Press, 2009), pp.367-398.

第五章　思想史的适用性

影响了他们对过去的看法，结果使得那个时代的思想成为漫画式的形象。

　　指责思想史不适用的言论不再站得住脚的另一个迹象是，思想史在那些传统上未能取得进展的国家中得到了发展。例如，在法国，费尔南·布罗代尔的长时段研究所代表的年鉴学派曾占据主导地位，埃内斯特·拉布鲁斯（例如其1932年的作品《18世纪法国的价格和收入发展纲要》）等经济史学家的相关研究也很有影响。然而，通过弗朗索瓦·孚雷（François Furet）、让－克洛德·佩罗（Jean-Claude Perrot）、马塞尔·戈谢（Marcel Gauchet）、皮埃尔·罗桑瓦隆（Pierre Rosanvallon）和菲利普·斯坦纳（Philippe Steiner）等人的努力，思想史可以说已经在法国牢牢扎根。① 特别是在经济思想和法律思想方面，法国的思想史家目前正在进行该领域最具影响力的研究。② 正如达林·麦克马洪和塞缪尔·莫恩所写的："很难想

---

① Françis Furet, *Penser la révolution françise* (Paris: Galli-mard, 1978); Jean-Claude Perrot, *Une Histoire intellectuelle de l'économie politique, XVIIe-XVIIIe siècles* (Paris: Edition de l'École des Hautes Études en Sciences Sociales, 1992); Marcel Gauchet, *La Révolution des droits de l'homme* (Paris: Gallimard, 1989); Pierre Rosanvallon, *Le Moment Guizot* (Paris: Gallimard, 1985) and *Le Sacre du citoyen. Histoire du suffrage universel en France* (Paris: Gallimard, 1992); Caroline Oudin-Bastide and Philippe Steiner, *Calcul et morale. Coû de l'esclavage et valeur de l'émancipation (XVIIIe-XIXe siècles)* (Paris: Albin Michel, 2015).

② Philippe Steiner and Françis Vatin, *Traité de sociologie économique* (Paris: Presses Universitaires de France, 2009); Emmanuelle de Champs and Jean-Pierre Cléro, *Bentham et la France: fortune et infortunes de l'utilitarisme* (Oxford: Vol-taire Foundation, 2009); Loï Charles, Frédéric Lefebvre and Christine Théré eds., *Le Cercle de Vincent de Gournay: Savoirs économiques et pratiques administratives en France au milieu du XVIIIe siècle* (Paris: INED, 2011).

象会有这么一个时期,思想史在整个历史学研究以及人文学科中占据如此中心的地位。"①

---

① Darrin M. McMahon and Samuel Moyn, "Introduction: Interim Intellectual History", in McMahon and Moyn eds., *Rethinking Modern European Intellectual History*, p. 3.

第六章

思想史的现在与未来

自然科学之外有没有知识的进步与发展，思想史学者对此倾向于持怀疑态度。考虑到这样的观点被广泛接受，即在特定历史时期中，令人信服的关于各种思想的可选择的未来有同等的被发现的可能，对思想史可能的未来进行猜测尤其不妥。笔者在这里想要做的是，勾勒出思想史学者目前就这一学科所表达的一些关注点。首先要指出，思想史学者普遍认为以后的争论会更多，这一点是可以预期的，也是健康的现象。波考克借鉴了迈克尔·奥克肖特（Michael Oakeshott）等人的见解，认为人文学科的努力最好被描述为一场持续的对话，这一观点仍然有影响力。因此，关于在描述意识形态的历史时是否可以使用"中世纪""文艺复兴""宗教改革""启蒙"和"现代性"等通用术语，辩论仍在持续。更具体来说，古代与现代之间的关系仍是研究的核心。在这里，我们又可以看到洪特作品的启发性。柯林武德提出从思想层面探讨古典世界遗产的问题，学者们对此要求的回应多种多样，洪特将自己定位于这一光谱的一个极端。对于洪特来说，古代政治在18世纪被完全重塑了。而对于包括斯金纳在内的其他人来说，通过参考希腊人和罗马人使用的范畴，现代世界仍然可以得到最好地理解。与之相比，对于波考克和安东尼·格拉夫顿等学者来说，我们需要用一个更为广泛的定义来取代"古典"的概念，将范围进一步扩大，以涵盖近东、中东和远东的古代和中世纪哲学，从而更全面地理解 17 世纪和 18 世纪的作者们所继承的知识遗产及其对后代的影响。①

学者们之间的第二个主要分歧，发生在那些与斯金纳观点一致的人中间，他们认为神学论证在塑造知识争论方面的能力的终结标志着欧洲历史的一个转折点，这一转折有时被视为世俗化进程的顶峰。其结果是，到启蒙时代，我们不再需要过于关注神学，而启蒙时代本身已被视为世俗化的体现。② 历史学家们并未忽视这样一个讽刺：将宗教文本置于争议之中，常常被误认为是一种世俗化的表现。在宗教改革期间，兴起了《圣经》批判的浪潮。天主教学者们质疑《圣经》文本的权威性，因为它们可能直接损害新教对词语神圣性质的主张。反过来，新教徒攻击教皇和教会会议的权威。与此同时，在新教徒和天主教徒中，各种形式的基督教复兴正在发生。许多思想史学者认为，随着 16 世纪宗教战争的结束，思想发生了根

---

① Anthony Grafton and Joanna Weinberg, "*I Have Always Loved the Holy Tongue*": *Isaac Casaubon, the Jews, and a Forgotten Chapter in Renaissance Scholarship* (Cambridge, MA: Harvard University Press, 2011).

② Peter Gay, *The Enlightenment: An Interpretation: The Rise of Modern Paganism* (New York: Alfred A. Knopf, 1966) and reaffirmed in Jonathan Israel, *The Radical Enlightenment* (Oxford: Oxford University Press, 2001) and *Enlightenment Contested: Philosophy, Modernity, and the Emancipation of Man 1670-1752* (Oxford: Oxford University Press, 2006).

第六章　思想史的现在与未来

本性的转变，这标志着一个过渡阶段，后来被称为现代性的形成。对于其他人而言，神学对政治的决定作用结束得更晚：毕竟，即使是洛克也认为他的神学著作比其他作品更为重要，并且首先筹划的就是基督教的未来。

在这种意义上，从洛克到大卫·休谟的转变是显著的，有些人认为，只有在 18 世纪才能确定吉本所称的"基督教千禧年"的结束。众所周知，休谟认为自己一生都在遭到围攻，被指控为异端和无神论者。斯密后来提到，他关于休谟平静去世的简短记述引来了比他所写的其他任何作品更为激烈的攻击。① 因此，许多学者得出结论，我们应该承认宗教和神学辩论在 18 世纪和 19 世纪的重要性，遵循乔纳森·克拉克对 18 世纪英国的著名描述，称其为法语意义上的"旧制度"（ancien régime）。因此，思想史研究的神学转向是显而易见的。② 思想史学者之间最有趣的争论之一与此相关。问题焦点是，我们应该在多大程度上将启蒙视为一系列基于国家和其他因

---

① Adam Smith to Andreas Holt, 26 October 1780, in E. C. Mossner and I. S. Ross eds., *Correspondence of Adam Smith*, vol. 6, *The Glasgow Edition of the Works and Correspondence of Adam Smith* (Oxford: Oxford University Press; Indianapolis: Liberty Fund, 1987), p. 251.

② Boyd Hilton, *The Age of Atonement: The Influence of Evangelicalism on Social and Economic Thought, ca. 1795-1865* (Oxford: Oxford University Press, 1988); Brian Young, *Religion and Enlightenment in Eighteenth-Century England* (Oxford: Oxford University Press, 1998); Anthony Waterman, *Political Economy and Christian Theology Since the Enlight-enment. Essays in Intellectual History* (London: Palgrave Macmillan, 2004); Colin Kidd, *The Forging of Races: Race and Scripture in the Protestant Atlantic World, 1600-2000* (Cambridge: Cambridge University Press, 2006); Norman Vance, *Bible and Novel: Narrative Authority and the Death of God* (Oxford: Oxford University Press, 2013).

素的运动,包括天主教启蒙运动、阿民念启蒙运动和英国国教的各种变体,还是要像传统上所认为的那样,将其视为在一定时间内可以在欧洲某些地方辨认出来的统一历史现象。① 约翰·罗伯逊(John Robertson)为后一种观点提供了新的论据,他发现在1680—1760年的80年中,启蒙运动既存在于那不勒斯,也存在于苏格兰。② 那不勒斯和苏格兰非常不同,前者是意大利南部西班牙哈布斯堡王朝的天主教属地,后者是英格兰长老会的属地。然而,那不勒斯和苏格兰在以下几个方面具有共性:王位继承争议、经济困难、参与海外贸易、统治者缺席,以及异常强烈的地方认同感。对罗伯逊而言,启蒙运动是对一种新的社会和政治局势的回应,这种局势是由于商业发展到一定程度,从而重塑了人们关于公民责任的观念。启蒙运动通过名为政治经济学的一种创新学科展开,而这一学科源自与奥古斯丁主义相关的某种伊壁鸠鲁哲学。尽管这一核心论点存在争议,罗伯逊的作品依然展现了当代思想史研究的诸多优点,轻松跨越学科界限,深化了我们对一系列学者的理解,这些人很少被放在一起讨论,其中涉及盐顿(Saltoun)的安德鲁·弗莱彻、亚当·弗格森、詹巴蒂斯塔·维科、保罗·马蒂亚·多里亚(Paolo Mattia Doria)、安东尼奥·热诺维西(Antonio Genovesi)以及盖塔诺·菲

---

① J. G. A. Pocock, "Clergy and Commerce: The Conservative Enlightenment in England", in R. J. Ajello et al., eds., *L'Età dei lumi: studi storici sul Settecento europeo in onore di Franco Venturi* (Naples: Jovene, 1985), 525-562; David Sorkin, *The Religious Enlightenment: Protestants, Jews, and Catholics from London to Vienna* (Princeton, NJ: Princeton University Press, 2008).

② John Robertson, *The Case for the Enlightenment. Scotland and Naples 1680-1760* (Cambridge: Cambridge University Press, 2005).

第六章　思想史的现在与未来

兰基耶里（Gaetano Filangieri）等人。

这并不意味着思想史处于健康、强壮的良好状态。必须记住，思想史并不能说服所有人，即使它已经不再像过去那样容易激怒其他领域的历史学家。拒绝思想史的最佳例子，是一个与 R. G. 柯林武德一起被视为思想史学科创始人的人，他就是彼得·拉斯莱特。在 20 世纪 60 年代，拉斯莱特通过其系列著作《哲学、政治与社会》（自 1957 年起）开始倡导更具分析性的哲学形式，以探讨社会问题。他还对罗伯特·菲尔默在家庭和国家中倡导的父权社会结构在多大程度上反映了 16 世纪的现实产生了兴趣。他认为，借助历史人口学的技术研究社会结构比使用语境分析研究个别思想家的作品更为重要。拉斯莱特对工业化前后的人口和家庭进行了详细研究，完成了他最著名的作品《我们失去的世界：工业时代前的英格兰》（*The World We Have Lost: England before The Industrial Age*，1965）。尽管彼得·拉斯莱特 2001 年去世后，他的私人文件没有被公开归档，但我们可以推测他认为思想史无法解决他想要探讨的历史问题。他认为在这方面需要现代社会科学的帮助，尤其是社会学。对拉斯莱特来说，理想的历史学家是费尔南·布罗代尔，他在年鉴学派的历史学家中是最伟大的一个，也是对思想最不感兴趣的。拉斯莱特在晚年随身携带着一张布罗代尔签名的明信片，还会从口袋里拿出来展示给人看，以证明自己的诚意。①

另一个可以说思想史未能吸引追随者的领域是经济思想史。正

---

①　这条逸闻是迈克尔·本特利（Michael Bentley）告诉我的。

如唐纳德·温奇所言,经济学的历史往往是由经济学家撰写的,并且主要是为经济学家而写的:

> 经济思想史是从业者写史的范例,它是思想史的一种孤立的分支,由于它的专业自豪感、教学方法以及相关的批判目的只有同行从业者能够最充分地理解,因此形成了一个专门的学科。在信心十足的时期,专家们的经济知识看似稳健可靠,并且取得了显著进步,经济学的历史通常被描述为一个逐步展开、尽在掌握的过程。这种做法也可以解释为虚张声势,以鼓舞士气。在这些时期,占统治地位的史学研究强烈地呈现辉格式风格,关注于回答谱系问题(谁在何时创造了什么),而且采取的是目的论方式(判断什么是成功的以及为什么会成功,依靠的是它能否最终进入现代知识库)。①

经济学的历史曾经对经济学家很重要,马克思派、新李嘉图派或凯恩斯派都饶有兴趣地描绘他们所倡导的理论和政策的发展谱系。然而,如今,这一学科领域在经济学专业的本科和研究生课程中完全被边缘化了。许多当代经济学家痴迷于数学模型和大规模数据的统计测试,他们要么将经济学的历史与经济史混为一谈,要么

---

① Donald Winch, "Intellectual History and the History of Economics", in Richard Whatmore and Brian Young eds., *Companion to Intellectual History* (Oxford: Wiley-Blackwell, 2015).

第六章　思想史的现在与未来

完全忽视这两者，认为它们与所从事的学科毫无关系。① 当他们确实要考虑那些前辈的时候，其方法与思想史学者的实践之间差距之大，是可以想象的。尽管在过去的一代人中，思想史学者（尤其是温奇本人）已经对经济学史做出了重大贡献。② 情况如此惨淡，以至于英国一位著名的经济思想史学者在他的院系网页上警告学生，他们需要意识到"该领域博士的学术职业前景如果不是实际上接近于零的话，也是机会渺茫，至少在欧洲和北美是这样"。同样，在经济思想史仍然有人研究的情况下，在经济思想的阐释者笔下，学术作品常常出现一些明显的预设和目的论色彩。一个典型的案例是塞缪尔·霍兰德（Samuel Hollander）的研究，他提出的一个"发现"是，大卫·李嘉图（David Ricardo）应该被视为列昂·瓦尔拉斯（Léon Walras）和阿尔弗雷德·马歇尔（Alfred Marshall）的直接前驱。这个谱系制造的例子意味着，重新唤起马歇尔早期试图沿着准民族主义路线为经济学建立谱系的努力。③

---

① Roger Backhouse and Philippe Fontaine, *The Unsocial Social Science? Economics and Neighbouring Disciplines since 1945* (Durham, NC: Duke University Press, 2010); Keith Tribe, *The Economy of the Word. Language, History and Economics* (Oxford: Oxford University Press, 2015).

② Peter Clarke, *The Keynesian Revolution in the Making, 1924-1936* (Oxford: Oxford University Press, 1988); Anthony M. C. Waterman, *Revolution, Economics and Religion* (Cambridge: Cambridge University Press, 1991); Donald E. Moggridge, *Maynard Keynes: An Economist's Biography* (London: Routledge, 1992).

③ Samuel Hollander, *Ricardo—The New View: Collected Essays 1* (London and New York: Routledge, 1995). 一项避免了先入之见和民族主义谱系的研究，参见 Manuela Albertone, *National Identity and the Agrarian Republic. The Transatlantic Commerce of Ideas between America and France (1750-1830)* (Farnham: Ashgate, 2014)。

鉴于辉格式历史方法仍然盛行，思想史还不能被称为完全成功的事业。实际上，在某些方面，这种方法比以往任何时候都更为普遍。随便翻阅一下流行的历史杂志，或是任何城镇书店的"历史"部分，甚至是明星历史学家在广播或电视上发表的观点，就能发现这种对待历史的研究方法仍然是主流，这种状况应该会让预见性历史的反对者感到羞愧。进行这种历史研究，第一步是从道德角度对过去加以评估。第二步是直接而明确地在过去中找出现状的起源。第三步是从相关历史人物身上得出一个简明的道德教训。可以直白地表述为，对过去事物的怀旧，或者更常见的，对我们如今更加理性、富裕，以及总体上更幸运的感慨。另外，我们可以从历史人物身上汲取诸多经验，因为他们为塑造我们的世界做出了巨大贡献，或者因为他们的优秀与强大值得我们效仿。关于后一种情况，有一个近期的例子，是安德鲁·罗伯茨（Andrew Roberts）直截了当命名的《拿破仑大帝》（*Napoleon the Great*, 2014）。再举一个例子，如果我们看一下目前最成功的历史杂志《BBC 历史》2012 年圣诞节专号的封面，我们会发现，其中提出的问题是：盎格鲁-撒克逊人生活在"牧歌田园还是艰辛与压迫之中"，我们"与罗马人一起去购物"，我们了解到"危险的都铎玩具"传达的信息是，像今天一样，"16 世纪的戏剧可能以悲剧告终"，此外还可以了解到"拿破仑的公关顾问"。2015 年 1 月出版的一期，质疑查理二世是否因为"危险的性沉迷"而"耽于淫乐以至于无法进行统治"。阅读这些出版物中的一些文章，你可以发现，在很大程度上，现在许多研究历史的学者仍然坚信：研究过去时我们应当寻找它与现在的前因后果，只有将过去

第六章 思想史的现在与未来

与我们当今的世界联系起来,它才会变得有趣;我们应该使用熟知的概念范畴来审视历史问题,并且始终对历史人物及其所处的时代进行道德评判。

让历史看起来与当下紧密交织,或者显得明显地与现在截然不同而值得关注,从而引起人们对历史的兴趣,这种理由当然是正当的。但如此造成的一个负面后果是,书架上已经书满为患,越来越多的政客和公众人物似乎把至少写一本历史书当作他们的成人礼,作为它们的作者,他们坦承所写的内容来源于别人的作品,其中大部分甚至是全部都忽视了原始资料。挑选一本书来批评似乎不太公平,因为可以考虑的作品数量庞大。但是,英格兰保守党议员杰西·诺曼(Jesse Norman)的《埃德蒙·柏克:哲学家、政治家、先知》(2013)是一个很好的例子,因为它入围了多个奖项,而且获得了许多人的好评。这是可以理解的,因为诺曼的文笔很不错,并且对柏克出版的作品所知甚详。与此同时,这本书作为一部思想史作品也存在一些问题。诺曼区分了柏克的生平和思想,而在讨论后者时,他将柏克描述为"现代政治的创造者"和"政治现代性的铰链或支点",此外,还称他为"最早的后现代政治思想家,对现代时代的第一个也是最伟大的批判者,以及所谓的自由个人主义的批判者"。柏克的思想也被深入挖掘,从中汲取可能对现今政治有所裨益的教训,包括限制权力的必要性,独立思考的领导者的必要性,避免抽象原则的必要性,以及恢复所谓"社会价值"的必要性。问题在于,柏克所处世界的思想争议,诺曼却几乎一无所知。所谓的"启蒙运动"完全被漫画化了。思想家被分成两类:一类强调原则和抽象概念,

什么是思想史

另一类则重视实用性和精准性。有关柏克的一个要点,在18世纪90年代柏克的同时代人看来是显而易见的,像诺曼这样的作家却未加考虑,那就是柏克主张与革命后的法国进行一场不惜一切代价的战争。柏克认为,除非将革命的支持者从地球上抹去,否则没有人会安全。在危机时期,牺牲哪种自由并不重要,即便英国因此濒临破产也无关紧要。柏克并没有建立起一套完善的保守主义意识形态,可以传承给后人,反而他在临终时的看法是,他所处时代的意识形态已经破产,亟须根本性的改革,因为它们在与巴黎的革命共和主义的斗争中一败涂地。批评者可能会说,学术性的思想史对普通读者来说必然难以接近,因此像诺曼这样的书应该受到赞扬,因为它引导读者进入了一个有难度的领域。情况可能确实如此,不过,思想史家的作品吸引广泛的读者群,也不乏其例,比如鲁思·斯库尔(Ruth Scurr)文笔优美的著作《致命的纯洁》(*Fatal Purity*)。①

思想史家的一个共同点是,他们永远不会在没有阅读过自己感兴趣的历史人物的作品的情况下进行写作。只是依赖他人的解读而忽视原始资料,这是不可想象的。同样,在思想史家中,带着目的论来看历史的情况非常少见,但仍然可以找到这样的例子。确实,在我写作的这个时期,北美特别明显地表现出一种倾向,即通过强调探索我们所关心的思想的起源,以及承诺描绘当今思想的真正根

---

① Ruth Scurr, *Fatal Purity: Robespierre and the French Revolution* (London: Chatto and Windus, 2006).

第六章　思想史的现在与未来

基，使思想史看起来更具有相关性。在这里，当然有很多学者坚持那种源自怀疑主义的谨慎态度，这种态度在近几十年来一直是思想史的特征。与此同时，北美的思想史家往往会参与到有关现代性意义的一些重大争论中。这种研究的标志，就是关于现代思想的源头的目的论探索。因此，致力于研讨第一次全面战争、全球革命、宪法、司法平等的体制、无等级的社会等等这类图书纷纷问世。① 其中有一些作品显示出非凡的学识。同时，例如斯蒂夫·平克斯的《1688年：第一次现代革命》，提出了荷兰入侵英格兰这一事件是光荣革命的关键，但是看不出来，他将此事称为"第一次现代革命"对于他的论证来说，有怎样的重要性。这本书讲的是1688年的史事及其直接的后果，并没有涉及对其他革命的比较研究。这本书所研究的内容并不是革命思想，读者会觉得，提出1688/1689年发生的事情是否创造了第一次现代革命这个问题完全是一种营销策略，引起那些对之后历史时段感兴趣的人来关注这本书。

辉格式历史观的回归最佳的例子可以在乔纳森·伊斯雷尔的作品中找到，不过他却被错误地跟洛夫乔伊及其思想史项目联系在一起。曾经是西班牙和荷兰帝国经济史学家的伊斯雷尔，进入普林斯顿大学任教，开始出版有关启蒙运动的大部头著作，他企图澄清启

---

① Alyssa Goldstein Sepinwall, *The Abbé Grégoire and the French Revolution: The Making of Modern Universalism* (California: University of California Press, 2002); Steve Pincus, *1688: The First Modern Revolution* (Newhaven CT, Yale University Press, 2009); David A. Bell, *The First Total War: Napoleon's Europe and the Birth of Warfare as We Know It* (New York: Houghton Mifflin, 2007).

蒙运动的多种形式，尤其关注激进思想和民主思想的相关原型。伊斯雷尔认为，宽容、公民自由、民主、性别平等、种族平等以及言论与思想自由，这些"基本价值包"是反对18世纪哲学的批判者所阐述的。这些思想家之中，有许多人是巴鲁赫·斯宾诺莎（Baruch Spinoza）的追随者，属于斯宾诺莎主义者网络的成员，他们延续了阿姆斯特丹这位博学多识的伟人破除旧习的工作。[1] 对伊斯雷尔而言，他在斯宾诺莎那里找到的对民主的辩护，根基是摒弃社会等级、实现社会平等的理念，这种思想传承给了法国启蒙思想家，如丹尼斯·狄德罗和霍尔巴赫男爵，随后又被法国革命者所继承，并传递给了我们。伊斯雷尔追溯了自17世纪末以来的现代思想的基础，并质疑一些具体人物如马拉或罗伯斯庇尔，究竟在多大程度上是真正的民主主义者，是否完全接受激进的意识形态。对民主和公民自由事业的全心投入受到赞赏，例如托马斯·潘恩和约瑟夫·普利斯特利的案例。伊斯雷尔认为，这种全身心的投入是这一事业成功的关键，同时也是在理性上拒绝了神学对政治的理解，这种理解方式在激进启蒙运动中受到重创，标志着现代性的到来。伊斯雷尔的作品吸引人之处在于，他处理的问题，正如斯金纳和波考克在20世纪70年代所做的那样，都是最重大的历史问题。这是他从出版

---

[1] Jonathan Israel, *The Radical Enlightenment* (Oxford: Oxford University Press, 2001); *Enlightenment Contested: Philosophy, Modernity, and the Emancipation of Man 1670—1752* (Oxford: Oxford University Press, 2006); *A Revolution of the Mind: Radical Enlightenment and the Intellectual Origins of Modern Democracy* (Princeton NJ: Princeton University Press, 2009); *Democratic Enlightenment: Philosophy, Revolution, and Human Rights 1750-1790* (Oxford: Oxford University Press, 2011).

第六章　思想史的现在与未来

的角度取得成功的原因之一。然而，从持怀疑态度的思想史家的角度来看，用伊斯雷尔的方式来描述启蒙时代的思想，并且声称这些思想在法国大革命期间及之后实现了某种程度上的现代化，这种做法是错误的。

民主为了在18世纪获得正当性，必须证明它与商业社会是兼容的。从传统来看，与民主关联在一起的，往往是国内与国际的战争、无知者的统治、暴民的支配、煽动者的崛起以及这种国家形式最终走向崩溃，通常以军事独裁者作为终结。支持民主的人确实存在，不过他们认为，维持这种国家的唯一途径是依赖一个可靠的政治共同体，它有德行、爱国，致力于保护政治体，并能够抵御奢侈和商业的诱惑，破坏共同体关系的往往就是这些诱惑。毫不奇怪，在欧洲的小国中，尤其是在日益被大型商业君主制主导的世界中幸存下来的那些共和国中，可以找到许多支持民主的人。当然，斯宾诺莎生活的地方，是早期现代时期一个罕见的新共和国，即受到1568—1648年反抗西班牙的爱国战争激励的荷兰共和国。像组成荷兰联邦国家的小国，或类似组织的瑞士州，以及自文艺复兴以来幸存的独立共和国，如威尼斯或热那亚，这些地方都发展出了多种生存策略。这些策略包括：修建城墙，积极进行外交以确保地方权力平衡，与更强大的邻国结盟，与拥有相同宗教的大国建立联系，在经济上采取专业化发展策略，以及最重要的，与男子气概（即"美德" [virtus]）相关的爱国主义，有此精神，人民才能够在危急时刻拿起武器，勇敢地抵抗入侵者。对斯宾诺莎等这些策略的倡导者来说，问题在于随着18世纪商业力量的不断增长，时代正在发生变化。在有大规模市场的地方，商业更为繁荣。这使得大国在经济发展方面具有压倒性的优势。来自商业的收入以及基于未来收入承诺的借贷能力，使得大国能够增加军事开支，从而拉大了小国与大国之间的权力差距，这种差距深刻影响了国际关系的格局。对许多观察者而言，小国和共和国，以及与之相关的民主思想，显然正走向历史的尽头，而不是成为所谓现代性的温床。

　　对于共和派和民主派而言，解决方案之一是与大国联合，例如苏格兰的案例，或是寻求更为紧密的联盟，以期在依靠大国军事力量提供保护的同时保持独立。在18世纪下半叶，许多小国投身于英国，希望英国能成为他们主权的潜在保护者。危险在于，作为一个商业强国的英国可能会削弱小国的经济，在表面上保证其独立，实则将小国变成其经济帝国的一部分。随着法国大革命的到来，出现了另一种选项。当这个发生革命的国家宣布停止战争、放弃帝国追求，并且承诺保护全世界的自由时，一个由小型主权国家、共和国和民主国家组成的新世界似乎已经来临。然而，许多古老共和国中的民主派并不相信任何大国能够成为一个共和国或民主国家。这个世纪中最激进的部分革命者，包括18世纪80年代初期参与日内瓦内战的人，虽然支持在小国中实行的民主，但当民主以法国力量的形式出现时，则完全持反对态度。正如本书第一章所指出的，将卢梭这个激进启蒙思想的典范视为在他死后发生的法国事件的支持者，是个错误的认识。当法国大革命成为任何大众政体的预期历史的另一个例证，经历了从民主到煽动者，从内战到军事统治，最终重新建立一个专制帝国的过程时，在当时并不令人惊讶。在这种情

第六章 思想史的现在与未来

况下,共和政体的支持者转向了英国——一个被许多激进哲学家憎恨的国家。政治行动家和观察家,包括那些曾亲身参与革命历程的人,纷纷把目光转向英国,他们确信法国大革命已经失败了。大革命给我们的教训是,通过民众革命来拥抱公民和政治自由永远会导致灾难。所有这一切对于伊斯雷尔的故事来说意味着,从启蒙运动到现代性并不存在直接的运动,我们不能将关于自由的思想与关于战争和经济的思想剥离开来,而且法国大革命不仅没有将民主的接力棒传递给19世纪,反而做了完全相反的事情。

一个与此相关的案例是后来回到辉格式研究方式的大卫·伍顿,他曾是一名思想史家,撰写过一系列关于早期现代欧洲的异端、不信神和政治思想的作品,后来转向了科学史研究。① 由于研究主题的缘故,这个案例显得比较复杂。科学可以被视为一个独特的研究领域,因为科学家所取得的进步是如此明显,由此产生的技术又引发了如此具有革命性的变化。如果想要在任何地方确定过去思想中哪些是错误的、哪些是正确的,那么这种确定性一定是存在于自然哲学和自然科学的历史之中。赫伯特·巴特菲尔德本人,无论对其他领域的辉格式的历史理论有什么看法,都在《现代科学的起源(1300—1800)》(1949)中写下了完全辉格式的科学描述,描绘科学进步的程度,赞

---

① David Wootton, *Paolo Sarpi: Between Renaissance and Enlightenment* (Cambridge: Cambridge University Press, 1983); "New Histories of Atheism", in David Wootton and Michael Hunter eds., *Atheism from the Reformation to the Enlightenment* (Oxford: Clarendon Press, 1992); *Divine Right and Democracy: An Anthology of Political Writing in Stuart England* (Cambridge, MA: Hackett, 2003).

美发明的辉煌胜利。医学是科学领域中思想进步最为显著的领域,但医学史学家如同更广义上的科学史学家一样,遵循托马斯·库恩的思路,试图在自己的时代背景下理解这些思想,并且参考那些支配科学实践的假设和惯例。这种方法的经典例子是史蒂文·夏平和西蒙·谢弗的《利维坦与空气泵:霍布斯、波义耳与实验生活》(*Leviathan and the Air-Pump: Hobbes, Boyle, and the Experimental Life*,1985)。该书论证了霍布斯对罗伯特·波义耳实验方法的攻击并不是真与假的对立,而是社会哲学冲突的产物,在当时的人们看来,这种冲突在科学方面的准确性并不明显。相比之下,伍顿的《糟糕的医学:自希波克拉底以来医生造成的伤害》(*Bad Medicine: Doctors Doing Harm since Hippocrates*,2006)辨析了医学历史中的好与坏,认为在长达2300年的时间里,医生对患者造成的往往是伤害而非拯救,直到1865年,"好"医学才得以确认,标志性事件是约瑟夫·利斯特在手术中使用了抗菌剂。伍顿对历史上的科学家进行了排名,并将一些未能推动医学进步的失败归结为纯粹的无知。与拉斯莱特后来所做的研究一样,伍顿关注文本分析,并运用思想史家的各种技巧来支持他的论点。然而,他同时也指出,《糟糕的医学》的目标是通过识别出在19世纪末之前支撑医学实践的"幻想技术"(fantasy technology),使历史写作对更广泛的公众有意义。当知识分子和其他类型的历史学家没有对他们所讨论的主题进行适当的价值判断和评估时,他们的研究成果就可能变得对社会而言不那么有相关性和有价值。

不过,思想史并不宣扬相对主义。思想史的目标是更深入地理解过去的思想,理解它们是如何产生的,理解为什么历史问题的不

第六章 思想史的现在与未来

同解决方案都有意义，以及理解人类行动因其生活中的意识形态框架所受到的限制。同情历史的行动者是有必要的，但这一点并不会导致历史学家为过去的思想和行为做辩护。如果说，对于那些声称能够实现完美目标的计划，思想史家通常会持怀疑态度，并且他们不太可能成为革命者，主要原因在于，思想史家对历史中出现非预期的后果有深刻认知，而且他们深知，某位作者提出的思想不仅会被当时的受众修改，此后不同时代的人处于各自不同的思想环境之中，还会对其有不同程度的重新发明。意识到这一点意味着，思想史家能够承认，不论是过去还是现在，解决任何问题都充满挑战。然而，正是因为认识到了塑造并持续影响智识生活的历史具有复杂的层次，他们也因此能够更深入地理解某一思想为何重要，以及历史中的行动者或我们自己所面临的各种可能性。约翰·邓恩曾指出，了解历史思想的运作，例如关于民主或是自由主义，能够让我们显著意识到政治行动的局限性。同时，这也使我们承认，绵绵不绝的现代政治理论都未能实现其所承诺的任何目标，尤其是维持和平。① 这样的结论并不意味着我们应该放弃政治或智识生活，而是为我们提供了更为锋利的工具，以便深入地审视过去或现在的意识形态。目前一个很好的例子是科林·基德的研究，他通过揭示对统一英国的支持与苏格兰民族主义之间的密切联系，为苏格兰的联合主义事业提供了有力的支持。基德指出，二者相辅相成，而非许多

---

① John Dunn, *The Cunning of Unreason: Making Sense of Politics* (New York: Basic Books, 2000).

政治家所认为的那样是天然的敌人。① 另一个例子是斯特凡·科利尼（Stefan Collini）为人文学科研究所做的辩护。有的人指责人文研究对经济增长无甚贡献，因此不值得耗费公共资金给予大学资助，科利尼对此做出了反驳。②

---

① Colin Kidd, *Union and Unionisms: Political Thought in Scot-land, 1500-2000* (Cambridge: Cambridge University Press, 2008).

② Stefan Collini, *What Are Universities For?* (Harmondsworth: Penguin, 2012).

结　论

　　思想史家致力于重建作者撰写文本时的意图。他们综合考察一位作者留下的作品，包括重要的代表作以及不那么知名的已刊出版物，还有全部的手稿资料。此外，他们将历史上作者的作品与其意识形态背景联系起来，弄清楚作者与其时代思想的互动，从而更加准确地推断作者实际上是在做什么。今天的思想史研究者在面对某位作者时，需要付出更多的努力，因为他们必须在研究对象的著名作品之外阅读更多的资料。理想情况下，学者们应该将这位作者的作品与同时代的其他作品联系起来，以他广泛的创作背景为线索，扩展阅读任何与之相关的重要作品，并将其置于意识形态绵延存续的语境之中。与那种仅仅对已故作者假定的思想做出评判的态度相比，上述做法可以让我们对某位作者或是某种思想有更深入的理解。此外，思想史培养了对过去的尊重，以及对那些在我们如今难以简单理解的陌生思想世界中遭遇挑战的作者们的敬意。

　　有不少一流的思想史家认为，批评与学术研究是两回事。当一位思想史学者面对历史上的作者所表达的令人厌恶的论点或思想时，并不需要进行谴责。关键是，要弄清楚作者在所处的世界为什

么会表达如此的观点,以及在当时的语境下,为什么人们可以接受如此的论证方式。这就使得我们对当时发生的事情有了更为复杂的理解,同时也让我们认识到,尽管这些论点在我们看来令人厌恶,但在当时却具有其合理性。然而,在某种意义上,对文本做评价是无法避免的。思想史家往往批评那些对历史文本采取肤浅批判的方法流于表面,在这一点上他们是正确的。我们身边充满了对于历史作品的评判意见,这些判断需要被认真对待。将历史人物带到当代道德价值之墙下,并因为他们像是我们的异类而一一击倒,这种行为毫无意义。回到约翰·布罗的比喻,思想史家应该抛弃如此做法,去倾听陌生人的对话,探索被人忽视的视界,为读者充当翻译,帮助他们理解那些有时会令人感到晦涩难懂的思想。

今天的思想史势头表现极为强劲。在每一所学院,在每一个国家,在各种人文学科的系所中,我们都能看到思想史家。由此也发生了新的讨论,追问思想史在全球化时代的实践,尤其是思想史与全球史之间有什么样的关系。大卫·阿米蒂奇(David Armitage)认为,思想史非常适合处理那些长时段的、跨文化的、有广泛影响的思想,并创造了"思想中的历史"(a history in ideas)这一术语来描述这种工作。他指出,假定思想史学者只关注在特定而有限的语境中发生的具体的意识形态事件,是对思想史的误解,实际上思想史学者始终对长期的变化抱有浓厚的兴趣。① 然而,从某些方面来看,

---

① David Armitage, "What's the Big Idea? Intellectual History and the *Longue Durée*", *History of European Ideas*, 38/4 (2012), pp. 493-507; "Globalizing Jeremy Bentham", *History of Political Thought*, 32/1 (2011), pp. 63-82.

"全球"这一概念与思想史研究存在着一定的冲突。今天的思想史家往往关注恢复地方性的语境,并力图挖掘因国家视角的主导地位而被忽略的材料。强调全球视角,可能被视为更严重的错误,因为地方的、具体的事物不可避免地会被人从一种不那么直接的历史距离来理解。换另一个角度来看,将某个东西归类为全球史的对象是有问题的,因为从思想史的视野来看,任何东西都有可能与全球层面产生关联。因此,主张全球视野就是在说,某一特定主题相较于其他主题而言,更具有全球重要性。正如塞缪尔·莫恩和安德鲁·萨托里所论述的,危险在于我们重申西方自由主义思想的主导地位,并错误地将其移植到异国他乡。① 与此同时,正如莫恩和萨托里编辑的《全球思想史》一书所强调的,思想史家能够追踪思想的流动及其传播,揭示思想在跨越国界和文化时必然会经历的转变。结果不应该是旧的研究方法的回归,只关注高峰而忽略山脚,单纯地聚焦于那些独享全球声誉的人物(且不论如今"全球声誉"究竟意味着什么)。避免了这些失误,并且撰写了一部可以成为关注全球思想的思想史学者的典范著作的人,是约翰·波考克。他的《野蛮与宗教》系列书籍,涉及在罗马帝国范围的思想传播,以及罗马帝国解体后这些思想的历史,这涉及跨越广袤的欧亚大陆的思想移植,还有它们如何卷入大西洋世界,影响到大英帝国在18世纪末所控制的所有地区。

---

① Andrew Sartori, "Global Intellectual History and the History of Political Economy", and Samuel Moyn, "On the Non-Globalization of Ideas", in Moyn and Sartori eds., *Global Intellectual History* (New York: Columbia University Press, 2014), pp.110-132, 187-204.

更大的问题是,思想史是否能够继续为未来的学者提供启发?像这样的研究常常投身于地方性的、特殊的东西,有时专注于狭隘的、往往自欺欺人的观点,或是沉浸于执着信仰或极度怀疑的思想,是否还能够说服政治家和学术资金的持有者,继续投资于这种学术上的努力?历史的长期发展是一个渐进的过程,总是在朝着不同的方向运动,往往不可预测,并且总是伴随着意想不到的后果。财务管理者应该确信,像这样一种关于历史变迁的观点,就是值得鼓励的历史观,不必提出苛求,责备它不能提供吸引新闻记者和政治家的那种宏大的答案。本书提到了许多思想史学者的名字,他们所做的研究正是在追求这样一种目标。

进一步阅读文献

一、经典作品

Isaiah Berlin, *The Power of Ideas*, ed. Henry Hardy (London: Pimlico, 2001). [以赛亚·伯林:《观念的力量》,胡自信、魏钊凌译,译林出版社,2019 年。]

John W. Burrow, *A History of Histories: Epics, Chronicles, Romances and Inquiries from Herodotus and Thucydides to the Twentieth Century* (Harmondsworth: Penguin, 2009). [约翰·布罗:《历史的历史:从远古到 20 世纪的历史书写》,黄煜文译,广西师范大学出版社,2019 年。]

John W. Burrow, *A Liberal Descent: Victorian Historians and the English Past* (Cambridge: Cambridge University Press, 1981).

Stefan Collini, *Absent Minds: Intellectuals in Britain* (Oxford; Oxford University Press, 2006).

John Dunn, *The Cunning of Unreason: Making Sense of Politics* (New York: Basic Books: 2005).

Duncan Forbes, *Hume's Philosophical Politics* (Cambridge: Cambridge University Press, 1975).

Knud Haakonssen, *Natural Law and Moral Philosophy: From Grotius to the Scottish Enlightenment* (Cambridge: Cambridge University Press, 1996). [努德·哈孔森:《自然法与道德哲学:从格老秀斯到苏格兰启蒙运动》,马庆、刘科译,浙江大学出版社,2010年。]

Albert O. Hirschmann, *The Passions and the Interests: Political Arguments for Capitalism before Its Triumph* (Princeton, NJ: Princeton University Press, 1977).

István Hont, *The Jealousy of Trade: International Competition and the Nation-State in Historical Perspective* (Cambridge, MA: Harvard University Press, 2006). [伊斯特凡·洪特:《贸易的猜忌:历史视角下的国际竞争与民族国家》,霍伟岸等译,译林出版社,2017年。]

Ian Hunter, "The Mythos, Ethos, and Pathos of the Humanities", *History of European Ideas*, 40 (2014), pp. 11-36.

Colin Kidd, *The Forging of Races: Race and Scripture in the Protestant Atlantic World, 1600-2000* (Cambridge: Cambridge University Press, 2006).

Arthur O. Lovejoy, *The Great Chain of Being: A Study of the History of an Idea* (Cambridge, MA: Harvard University Press, 1936). [阿瑟·O.洛夫乔伊:《存在巨链:对一个观念的历史的研究》,张传友、高秉江译,商务印书馆,2015年。]

Samuel Moyn, *The Last Utopia: Human Rights in History* (Cambridge, MA: Harvard University Press, 2010). [塞缪尔·莫恩:《最后的乌托邦:历史中的人权》,汪少卿、陶力行译,商务印书馆,2016年。]

Jean-Claude Perrot, *Une histoire intellectuelle de l'économie politique, XVIIe-XVIIIe siècles* (Paris: Éditions de l' EHESS, 1992).

J. G. A. Pocock, *The Machiavellian Moment: Florentine Political Thought and the Atlantic Republican Tradition* (Princeton NJ: Princeton University Press, 1975). [J. G. A. 波考克:《马基雅维里时刻:佛罗伦萨政治思想和大西洋共和主义传统》,冯克利、傅乾译,译林出版社,2013年。]

J. G. A. Pocock, *Virtue, Commerce, and History: Essays on Political Thought and History, Chiefly in the Eighteenth Century* (Cambridge: Cambridge University Press, 1985). [波考克:《德行、商业和历史:18世纪政治思想与历史论辑》,冯克利译,生活·读书·新知三联书店,2012年。]

John Robertson, *The Case for the Enlightenment: Scotland and Naples 1680-1760* (Cambridge: Cambridge University Press, 2005).

Philip Schofield, *Utility and Democracy: The Political Thought of Jeremy Bentham* (Oxford: Oxford University Press, 2006).

Steven Shapin and Simon Schaffer, *Leviathan and the Air-Pump: Hobbes, Boyle, and the Experimental Life* (Princeton, NJ: Princeton University Press, 1985). [史蒂文·夏平、西蒙·谢弗:《利维坦与空

气泵：霍布斯、玻意耳与实验生活》，蔡佩君译，上海人民出版社，2008 年。]

Quentin Skinner, *The Foundations of Modern Political Thought*, 2 vols（Cambridge: Cambridge University Press, 1978）.［昆廷·斯金纳：《现代政治思想的基础（上、下卷）》，奚瑞森、亚方译，译林出版社，2011 年。]

Quentin Skinner, "Meaning and Understanding in the History of Ideas", *History and Theory*, 8 / 1（1969）, pp. 3-53.

Michael Sonenscher, *Before the Deluge: Public Debt, Inequality, and the Intellectual Origins of the French Revolution*（Princeton, NJ: Princeton University Press, 2007）.

Donald Winch, *Adam Smith's Politics: An Essay in Historiographic Revision*（Cambridge: Cambridge University Press, 1978）.

二、思想史的历史

Michael Bentley, *The Life and Thought of Herbert Butterfield: History, Science, and God*（Cambridge: Cambridge University Press, 2011）.

Michael Bentley, *Modernizing England's Past: English Historians in the Age of Modernism, 1870-1970*（Cambridge: Cambridge University Press, 2005）.

Herbert Butterfield, *Christianity and History*（London: Bell, 1949）.

进一步阅读文献

Herbert Butterfield, *The Englishman and History* (Cambridge: Cambridge University Press, 1944).

Herbert Butterfield, *The Whig Interpretation of History* (London: G. Bell and Sons, 1931). [赫伯特·巴特菲尔德:《历史的辉格解释》,张岳明、刘北成译,商务印书馆,2012年;巴特菲尔德:《辉格党式的历史阐释》,李晋译,生活·读书·新知三联书店,2013年。]

Owen Chadwick, *Acton and History* (Cambridge: Cambridge University Press, 1998).

John Clive, *Macaulay: The Shaping of the Historian* (New York: Alfred Knopf, 1973).

Duncan Forbes, "*Historismus* in England", *Cambridge Journal*, 4 (1951), pp. 387-400.

Duncan Forbes, *The Liberal Anglican Idea of History* (Cambridge: Cambridge University Press, 1952).

Felix Gilbert, *History: Politics or Culture? Reflections on Ranke and Burckhardt* (Princeton: Princeton University Press, 1990). [费利克斯·吉尔伯特:《历史学:政治还是文化——对兰克和布克哈特的反思》,刘耀春译、刘君校,北京大学出版社,2012年。]

Mark Goldie, "J. N. Figgis and the History of Political Thought in Cambridge", in Richard Mason, ed., *Cambridge Minds* (Cambridge: Cambridge University Press, 1994), pp.177-192.

Peter Gordon, "Contextualism and Criticism in the History of Ideas", in Darrin M. McMahon and Samuel Moyn, eds., *Rethinking*

Modern European Intellectual History（New York: Oxford University Press, 2014）, pp. 32-55.

Lionel Gossman, *Basel in the Age of Burckhardt: A Study in Unseasonable Ideas*（Chicago: Chicago University Press, 2000）.

Anthony Grafton, "Momigliano's Method and the Warburg Institute: Studies in his Middle Period", in Peter Miller, ed., *Momigliano and Antiquarianism: Foundations of the Modern Cultural Sciences*（Toronto: University of Toronto Press, 2007）, pp. 97-126.

Eric Hobsbawm, *On History*（London: Weidenfild & Nicolson, 1997）.［艾瑞克·霍布斯鲍姆：《论历史》，黄煜文译，中信出版社，2015年。］

Friedrich Meinecke, *Historism: The Rise of a New Historical Outlook*, trans. J. E. Anderson（London: Routledge & Kegan Paul, 1972）.［弗里德里希·迈内克：《历史主义的兴起》，陆月宏译，商务印书馆，2022年。］

Arnaldo Momigliano, *Studies in Ancient and Modern Historiography*（Oxford: Basil Blackwell, 1977）.［阿纳尔多·莫米利亚诺：《论古代与近代的历史学》，晏绍祥译、黄洋校，北京大学出版社，2015年。］

Michael Oakeshott, "The Activity of Being an Historian", in *Rationalism in Politics and Other Essays*（London: Methuen, 1962）, pp. 137-167.

J. G. A. Pocock, *Political Thought and History: Essays on Theory and Method*（Cambridge: Cambridge University Press, 2009）.

Stephen B. Smith, ed., *The Cambridge Companion to Leo Strauss*（Cambridge: Cambridge University Press, 2009）.

Stephen B. Smith, *Reading Leo Strauss: Politics, Philosophy, Judaism*（Chicago: University of Chicago Press, 2006）. [斯密什:《阅读施特劳斯：政治学、哲学、犹太教》，高艳芳、高翔译，华夏出版社，2012 年。]

Hugh Trevor-Roper, *History and the Enlightenment*, ed. John Robertson（New Haven and London: Yale University Press, 2010）.

三、思想史的方法

F. Azouvi, "Pour une Histoire Philosophique des Idées", *Le Débat*, 72（1992）, pp. 16-26.

Mark Bevir, "The Errors of Linguistic Contextualism", *History and Theory*, 31（1992）, pp. 276-298.

Mark Bevir, *The Logic of the History of Ideas*（Cambridge: Cambridge University Press, 1999）.

David Boucher, *Texts in Contexts: Revisionist Methods for Studying the History of Ideas*（Dordrecht: Martinus Nijhoff, 1985）.

Roger Chartier, "Intellectual History or Sociocultural History? The French Trajectories", in Dominic Lacapra and Steven L. Kaplan, eds., *Modern European Intellectual History. Reappraisals and New Perspectives*（Ithaca, NY: Cornell University Press, 1982）. [多米尼克·拉

卡普拉、斯蒂文·L.卡普兰主编：《现代欧洲思想史：新评价和新视角》，王加丰等译，人民出版社，2014年。]

Dario Castiglione and Iain Hampsher-Monk, eds., *The History of Political Thought in National Context* (Cambridge: Cambridge University Press, 2001).

Conal Condren, *The Status and Appraisal of Classic Texts* (Princeton, NJ: Princeton University Press, 1985).

Françis Dosse, *La Marche des idées. Histoire des intellectuels-histoire intellectuelle* (Paris: La Découverte, 2003).

John Dunn, "The Identity of the History of Ideas", *Philosophy*, 43 (1968), pp. 85-104.

Anthony T. Grafton, "The History of Ideas: Precept and Practice, 1950-2000 and Beyond", *Journal of the History of Ideas*, 76 / 1 (2006), pp.1-32.

John Gunnell, *Political Theory: Tradition and Interpretation* (Cambridge, MA: Harvard University Press, 1979). [约翰·G.冈内尔：《政治理论：传统与阐释》，王小山译，浙江人民出版社，1988年。]

John Gunnell, "Time and Interpretation: Understanding Concepts and Conceptual Change", *History of Political Thought*, 19 (1998), pp. 641-658.

Iain Hampsher-Monk, "Political Languages in Time: The Work of J. G. A. Pocock", *The British Journal of Political Science*, 14 (1984), pp. 89-116.

进一步阅读文献

David Harlan, "Intellectual History and the Return of Literature", *American Historical Review*, 94（1989）, pp. 581-609.

Peter L. Janssen, "Political Thought as Traditionary Action: The Critical Response to Skinner and Pocock", *History and Theory*, 24（1985）, pp.115-146.

Donald R. Kelley, *The Descent of Ideas. The History of Intellectual History*（Aldershot: Ashgate, 2002）.

Donald R. Kelley, "What Is Happening to the History of Ideas?" *Journal of the History of Ideas*, 51（1990）, pp. 3-25.

Reinhart Koselleck, *Futures Past: On the Semantics of Historical Time*, trans. Keith Tribe（Cambridge, MA: MIT Press, 1985）.

Reinhart Koselleck, "Linguistic Change and the History of Events", *The Journal of Modern History*, 61 / 4（1989）, pp. 649-666.

Dominic LaCapra, *Rethinking Intellectual History: Texts, Contexts, Languages*（Ithaca, NY: Cornell University Press, 1983）.

Robert Lamb, "Quentin Skinner's Revised Historical Contextualism: A Critique", *History of the Human Sciences*, 22 / 3（2009）, pp. 51-73.

Kari Palonen, *Quentin Skinner: History, Politics, Rhetoric*（Cambridge: Cambridge University Press, 2003）.

J. G. A. Pocock, "The Concept of a Language and the *Métier d'Historien*: Some Considerations on Practice", in Anthony Pagden, ed., *The Languages of Political Theory in Early-Modern Europe*（Cambridge:

Cambridge University Press, 1987), pp. 19-38.

J. G. A. Pocock, "The History of Political Thought: A Methodological Enquiry" in Peter Laslett and W. G. Runciman, eds., *Philosophy, Politics, and Society*, 2nd ser. (Oxford: Basil Blackwell, 1962), pp. 183-202.

J. G. A. Pocock, *Political Thought and History: Essays on Theory and Method* (Cambridge: Cambridge University Press, 2009).

J. G. A. Pocock, *Politics, Language, and Time: Essays on Political Thought and History* (New York: Atheneum, 1971).

J. G. A. Pocock, "Present at the Creation: With Laslett to the Lost Worlds", *International Journal of Public Affairs*, 2 (2006), pp. 7-17.

J. G. A. Pocock, "Quentin Skinner. The History of Politics and the Politics of History", *Common Knowledge*, 10 (2004), pp. 532-550.

John Herman Randall, Jr., "Arthur O. Lovejoy and the History of Ideas", *Philosophy and Phenomenological Research*, 23/4 (1963), pp. 475-479.

Melvin Richter, "*Begriffsgeschichte* and the History of Ideas", *Journal of the History of Ideas*, 48 (1987), pp. 247-263.

Melvin Richter, "Reconstructing the History of Political Languages: Pocock, Skinner and the *Geschichtliche Grundbegriffe*", *History and Theory*, 29 (1990), pp. 38-70.

Quentin Skinner, *Visions of Politics: Volume 1. Regarding Method* (Cambridge: Cambridge University Press, 2002). [昆廷·斯金纳:《政

治的视野（第一卷）：论方法》，王涛、孔新峰等译，商务印书馆，2024年。]

James Tully, ed., *Meaning and Context: Quentin Skinner and his Critics*（Cambridge: Cambridge University Press, 1988）.

Richard Whatmore and Brian Young, eds, *Palgrave Advances in Intellectual History*（Basingstoke and New York: Palgrave, 2006）.

Hayden White, *The Content of the Form: Narrative Discourse and Historical Representation*（Baltimore, MD: Johns Hopkins University Press, 1987）. [海登·怀特：《形式的内容：叙事话语与历史再现》，董立河译，文津出版社，2005年。]

四、思想史与政治思想史

David Armitage, *Foundations of Modern International Thought*（Cambridge: Cambridge University Press, 2013）.

David Armitage, *The Ideological Origins of the British Empire*（Cambridge: Cambridge University Press, 2000）.

Bernard Bailyn, *The Ideological Origins of the American Revolution*（Cambridge, MA: Harvard University Press, 1967）. [伯纳德·贝林：《美国革命的思想意识渊源》，涂永前译，中国政法大学出版社，2007年。]

Keith Michael Baker, *Inventing the French Revolution: Essays on French Political Culture in the eighteenth century*（Cambridge: Cambridge University Press, 1990）.

John Dunn, ed., *The Economic Limits to Modern Politics* (Cambridge: Cambridge University Press, 1990).

Knud Haakonssen, *The Science of the Legislator: The Natural Jurisprudence of David Hume and Adam Smith* (Cambridge: Cambridge University Press, 1981). [努德·哈孔森:《立法者的科学:大卫·休谟与亚当·斯密的自然法理学》,赵立岩译,浙江大学出版社,2010年。]

Colin Kidd, *British Identities before Nationalism: Ethnicity and Nationhood in the Atlantic World, 1600-1800* (Cambridge: Cambridge University Press, 1999).

J. G. A. Pocock, *The Ancient Constitution and the Feudal Law: A Study of English Historical Thought in the Seven-teenth Century* (Cambridge: Cambridge University Press, 1957, 1987). [波考克:《古代宪法与封建法:英格兰17世纪历史思想研究》,翟小波译,译林出版社,2014年。]

J. G. A. Pocock, *Barbarism and Religion*, 5 vols (Cambridge: Cambridge University Press, 1999, 2003, 2005, 2011).

John Robertson, *A Union for Empire: Political Thought and the British Union of 1707* (Cambridge: Cambridge University Press, 1995).

Judith Shklar, *Men and Citizens. A Study of Rousseau's Social Theory* (Cambridge: Cambridge University Press, 1969).

Quentin Skinner, *Hobbes and Republican Liberty* (Cambridge: Cambridge University Press, 2007). [昆廷·斯金纳:《霍布斯与共和主义自由》,管可秾译,上海三联书店,2011年。]

Quentin Skinner, *Liberty before Liberalism* (Cambridge: Cambridge University Press, 1998). [昆廷·斯金纳:《自由主义之前的自由》,李宏图译,上海三联书店,2003 年。]

Michael Sonenscher, *Sans-Culottes: An Eighteenth-Century Emblem in the French Revolution* (Princeton, NJ: Princeton University Press, 2008).

Donald Winch, *Riches and Poverty: An Intellectual History of Political Economy in Britain, 1750-1834* (Cambridge: Cambridge University Press, 1996).

Donald Winch, *Wealth and Life: Essays on the Intellectual History of Political Economy in Britain, 1848-1914* (Cambridge: Cambridge University Press, 2009).

五、思想史与哲学史

Leo Catana, "The Concept 'System of Philosophy': The Case of Jacob Brucker's Historiography of Philosophy", *History and Theory*, 44 (2005), pp. 72-90.

Conal Condren, Stephen Gaukroger and Ian Hunter, eds., *The Philosopher in Early Modern Europe. The Nature of a Contested Identity* (Cambridge: Cambridge University Press, 2006).

Aaron Garrett, "Francis Hutcheson and the Origin of Animal Rights", *Journal of the History of Philosophy* 45 (2007).

Knud Haakonssen, "German Natural Law", in M. Goldie and R. Wokler, eds., *The Cambridge History of Eighteenth-Century Political Thought* (Cambridge: Cambridge University Press, 2006) , pp. 251-290, especially 255-267.

Knud Haakonssen, "The History of Eighteenth-Century Philosophy: History or Philosophy?" in K. Haakonssen, ed., *The Cambridge History of Eighteenth-Century Philosophy* (Cambridge: Cambridge University Press, 2006), pp. 3-25.

Knud Haakonssen, "The Moral Conservatism of Natural Rights", in Ian Hunter and David Saunders, eds., *Natural Law and Civil Sovereignty. Moral Right and State Authority in Early Modern Political Thought* (Basingstoke: Palgrave, 2002) , pp. 27-42.

Knud Haakonssen, "Protestant Natural Law Theory: A General Interpretation", in N. Brender and L. Krasnoff, eds., *New Essays on the History of Autonomy: A Collection Honoring J. B. Schneewind* (Cambridge: Cambridge University Press, 2004) , pp. 92-109.

Ian Hunter, "The Morals of Metaphysics: Kant's Groundwork as Intellectual Paideia", *Critical Inquiry*, 28 (2002) , pp. 909-929.

Jonathan Rée, Michael Ayers and Adam Westoby, *Philosophy and Its Past* (Brighton, 1978) .

Richard Rorty, "The Historiography of Philosophy: Four Genres", in R. Rorty, J. B. Schneewind and Q. Skinner, eds., *Philosophy in History* (Cambridge: Cambridge University Press, 1984) , pp. 49-75.

J. B. Schneewind, "The Divine Corporation and the History of Ethics", in R. Rorty, J. B. Schneewind and Q. Skinner, eds., *Philosophy in History* (Cambridge: Cambridge University Press, 1984), pp. 173-191.

M. A. Stewart, "Two Species of Philosophy: The Historical Significance of the First Inquiry", in P. Millican, ed., *Reading Hume on Human Understanding* (Oxford: Oxford University Press, 2002).

Martin Stone, "Scholastic Schools and Early Modern Philosophy", in D. Rutherford, ed., *The Cambridge Companion to Early Modern Philosophy* (Cambridge: Cambridge University Press, 2006), pp. 299-327.

六、后结构主义与思想史

Edward Baring, *The Young Derrida and French Philosophy, 1945-1968* (Cambridge: Cambridge University Press, 2011).

Françis Cusset, *French Theory: How Foucault, Derrida, Deleuze, & Co. Transformed the Intellectual Life of the United States*, trans. Josephine Berganza and Marlon Jones (Minneapolis: University of Minnesota Press, 2008).

Jacques Derrida, *Of Grammatology*, trans. Gayatri Spivak(Baltimore, MD: Johns Hopkins University Press, 1976). [雅克·德里达：《论文字学》，汪堂家译，上海译文出版社，2015 年。]

Jacques Derrida, "Signature, Event, Context", in *Margins of Philosophy*, trans. Alan Bass (Chicago: Chicago University Press, 1982).

Victor Farias, *Heidegger et le nazisme* (Paris: Verdier, 1987).

Stefanos Geroulanos, *An Atheism That Is Not Humanist Emerges in French Thought* (Stanford: Stanford University Press, 2010).

Sarah Hammerschlag, *The Figural Jew* (Chicago: Chicago University Press, 2010).

David Harlan, *The Degradation of American History* (Chicago: Chicago University Press, 1997).

David Hollinger, "The Return of the Prodigal", *The American Historical Review*, 94 (1989) , p. 3.

Donald R. Kelley, "What is Happening to the History of Ideas?" *The Journal of the History of Ideas*, 51 / 1 (1990) , pp. 3-25.

Ethan Kleinberg, "Haunting History: Deconstruction and the Spirit of Revision", *History and Theory*, 46 / 4 (2007) , pp. 113-143.

Dominick LaCapra, *Émile Durkheim: Sociologist and Philosopher* (Ithaca: Cornell University Press, 1972).

Dominick LaCapra, "History, Language, and Reading: Waiting for Crillon", *American Historical Review*, 100 (1994) , p. 3.

Dominick LaCapra, *A Preface to Sartre* (Ithaca: Cornell University Press, 1978).

Dominick LaCapra, *Representing the Holocaust: History, Theory, Trauma* (Ithaca: Cornell University Press, 1994).

Dominick LaCapra, "Rethinking Intellectual History and Reading Texts", in Steven L. Kaplan and Dominick LaCapra, eds., *Modern*

European Intellectual History: Reappraisals and New Perspectives (Ithaca: Cornell University Press, 1983).

Dominick LaCapra, "Tropisms of Intellectual History", *Rethinking History*, 8 (2004) , p. 4.

J. G. A. Pocock, "A New Bark up an Old Tree", *Intellectual History Newsletter*, 8 (1986) , pp. 3-9.

Paul Ricoeur, *Freud and Philosophy: An Essay on Interpretation*, trans. Denis Savage (New Haven, CT: Yale University Press, 1970).

Joan W. Scott, "Gender: A Useful Category of Historical Analysis", *The American Historical Review*, 91 (1986) , p. 5.

Gabrielle Spiegel, "The Task of the Historian", *The American Historical Review*, 114 (2009) , p. 1.

Judith Surkis, "When was the Linguistic Turn? A Genealogy", *American Historical Review*, 117 / 3 (2012) , pp. 700-722.

Judith Surkis, *Sexing the Citizen* (Ithaca: Cornell University Press, 2007).

John Toews, "Intellectual History after the Linguistic Turn", *American Historical Review*, 92 (1987) , p. 4.

Hayden White, *Metahistory: The Historical Imagination in Nineteenth-Century Europe* (Baltimore, MD: Johns Hopkins University Press, 1973).

Hayden White, *Tropics of Discourse: Essays in Cultural Criticism* (Baltimore, MD: Johns Hopkins University Press, 1978). [海登·怀

特:《元史学:19世纪欧洲的历史想像》,陈新译,译林出版社,2004年。]

七、作为概念史的思想史

Andreas Anter, *Max Weber's Theory of the Modern State. Origins, Structure and Significance* (Basingstoke: Palgrave, 2014).

Dietrich Hilger, "Begriffsgeschichte und Semiotik", in R. Koselleck, ed., *Historische Semantik und Begriffsgeschichte* (Stuttgart: Klett-Cotta, 1978) , pp. 120-135.

Dietrich Hilger, "Industrie, Gewerbe", (with Lucian Höscher) in O. Brunner, W. Conze and R. Koselleck, eds., *Geschichtliche Grund-begriffe. Historisches Lexikon zur politisch-sozialen Sprache in Deutschland*, vol. 3 (Stuttgart: Klett-Cotta, 1982) , pp. 237-304.

Franz-Ludwig Knemeyer, "Polizei", *Economy and Society*, 9(1980), pp. 172-196.

Reinhart Koselleck, "*Begriffsgeschichte* and Social History", in *Futures Past. On the Semantics of Historical Time* (New York: Columbia University Press, [1978] 2004) , pp. 75-92.

Reinhart Koselleck, *Begriffsgeschichten. Studien zur Semantik und Pragmatik der politischen und sozialen Sprache* (Frankfurt a.M.: Suhrkamp, 2006).

Reinhart Koselleck, "Einleitung", in O. Brunner, W. Conze, R. Kosel-

leck, eds., *Geschichtliche Grundbegriffe. Historisches Lexikon zur politisch-sozialen Sprache in Deutschland*, vol. I (Stuttgart: Klett-Cotta, 1972), pp. xiii-xxvii.

Reinhart Koselleck, *Preußn zwischen Reform und Revolution. Allgemeines Landrecht, Verwaltung und soziale Bewegung von 1791 bis 1848* (Stuttgart: Ernst Klett Verlag, 1967).

Reinhart Koselleck, *Zeitschichten. Studien zur Historik* (Frankfurt a.M.: Suhrkamp, 2000).

Giulio C. Lepschy, "European Linguistics in the Twentieth Century", in T. Bynon and F. R. Palmer, eds., *Studies in the History of Western Linguistics* (Cambridge: Cambridge University Press, 1986), pp. 189-201.

Peter N. Miller, "Nazis and Neo-Stoics: Otto Brunner and Gerhard Oestreich before and after the Second World War", *Past and Present*, 176 (2002), pp.144-186.

Haruko Momma, *From Philology to English Studies. Language and Culture in the Nineteenth Century* (Cambridge: Cambridge University Press, 2013).

J. G. A. Pocock, "Concepts and Discourses: A Difference in Culture? Comment on a Paper by Melvin Richter", in H. Lehmann and M. Richter, eds., *The Meaning of Historical Terms and Concepts. New Studies on Begriffsgeschichte*, Occasional Paper No. 15 (Washington DC: German Historical Institute, 1996).

Rolf Reichardt, "*Historische Semantik zwischen lexicométrie und New Cultural History*", in Reichardt, ed., *Aufkläung und Historische Semantik. Interdisziplinäe Beiträe zur westeur-opäschen Kulturgeschichte*, Berlin: Duncker und Humblot, 1998）, pp. 7-27.

Melvin Richter, "A German Version of the 'Linguistic Turn'; Rein-hart Koselleck and the History of Political and Social Concepts (*Begriffsgeschichte*)", in D. Castiglione and I. Hampsher-Monk, eds., *The History of Political Thought in National Context*（Cambridge: Cambridge University Press, 2001）, pp. 58-79.

Melvin Richter, *The History of Political and Social Concepts. A Critical Introduction*（New York: Oxford University Press, 1995）. [梅尔文·里克特:《政治和社会概念史研究》，张智译，华东师范大学出版社，2010年。]

Melvin Richter, "Towards a Lexicon of European Political and Legal Concepts: A Comparison of Begriffsgeschichte and the 'Cambridge School'", *Critical Review of International Political and Social Philosophy*, 6 / 2（2003）, pp. 91-120.

Manfred Riedel, "Gesellschaft, bürgerliche", in O. Brunner, W. Conze, R. Koselleck, eds., *Geschichtliche Grundbegriffe. Histor-isches Lexikon zur politisch-sozialen Sprache in Deutschland*, vol. 2（Stuttgart: Klett-Cotta, 1975）, pp. 719-800.

Stephan Schlak, *Wilhelm Hennis. Szenen einer Ideengeschichte der Bundesrepublik*（Munich: C. H. Beck, 2008）.

八、思想史与科学的历史

John Agar, "What Happened in the Sixties?", *British Journal for the History of Science*, 41 / 4（2008）, pp. 567-600.

Joseph Agassi, "Towards an Historiography of Science", *History and Theory, Studies in the Philosophy of History*, suppl. 2（The Hague, 1963）.

Peter Alter, *The Reluctant Patron: Science and the State in Britain, 1850-1920*（Oxford: Berg, 1986）.

David Alvargonzález, "Is the History of Science Essentially Whiggish?", *History of Science*, 51（2013）, pp. 85-99.

Peter Bowler, *The Invention of Progress: Victorians and the Past*（Oxford: Wiley-Blackwell, 1989）.

G. Cantor, "Charles Singer and the Founding of the British Society for the History of Science", *British Journal for the History of Science*, 30（1977）, pp. 5-23.

Hasok Chang, "We have Never Been Whiggish (About Phlogiston)", *Centaurus*, 51（2009）, pp. 239-264.

John R. R. Christie, "The Development of the Historiography of Science", in R. C. Olby et al., eds., *Companion to the History of Modern Science*（London: Routledge, 1996 [1990]）, pp. 5-22.

Michael Aaron Dennis, "Historiography of Science: An American Perspective", in John Krige and Dominique Pestre, eds., *Companion to Science in the Twentieth Century*（London: Routledge，2003 [1997]），

pp.1-26.

Tore Frangsmyr, "Science or History: George Sarton and the Positivist Tradition in the History of Science", *Lychnos* (1973/74), pp. 104-144.

Jan Golinski, *Making Natural Knowledge: Constructivism and the History of Science* (Cambridge: Cambridge University Press, 1998).

A. Rupert Hall, "Can the History of Science Be History?", *British Journal for the History of Science*, 4 :15 (1969), pp. 207-220.

A. Rupert Hall, "Merton Revisited or Science and Society in the Seventeenth Century", *History of Science*, 2 (1963), pp.1-16.

A. Rupert Hall, "On Whiggism", *History of Science*, 21 (1983), pp. 45-59.

Edward Harrison, "Whigs, Prigs and Historians of Science", *Nature*, 329 (17 September 1987), pp. 213-214.

Ian Hesketh, *The Science of History in Victorian Britain: Making the Past Speak* (London: Pickering & Chatto, 2011).

Margaret Jacobs, "Science Studies after Social Construction: The Turn Towards the Comparative and the Global", in V. E. Bonnell, L. A. Hunt and R. Biernacki, eds., *Beyond the Cultural Turn: New Directions in the Study of Society and Culture* (Oakland: University of California Press, 1999), pp. 95-120.

Nick Jardine, "Whigs and Stories: Herbert Butterfield and the Historiography of Science", *History of Science*, 41 (2003), pp.125-140.

Thomas S. Kuhn, *The Essential Tension: Selected Studies in Scientific Tradition and Change*（Chicago: The University of Chicago Press, 1977）. [托马斯·库恩:《必要的张力：科学的传统和变革论文选》，范岱年、纪树立译，北京大学出版社，2004年。]

Thomas S. Kuhn, *The Structure of Scientific Revolutions*, 2nd edn（Chicago: University of Chicago Press, 1970 [1962]）.托马斯·库恩:《科学革命的结构》，张卜天译，北京大学出版社，2022年。]

Peter Mandler, "The Problem with Cultural History", *Cultural and Social History*, 1（2004）, pp. 94-112.

Ernst Mayr, "When is Historiography Whiggish?", *Journal of the History of Ideas*, 51 / 2（1980）, pp. 301-309.

Robert K. Merton, *Science, Technology and Society in Seventeenth-Century England*（New York: Harper Torchbooks, 1970 [1938]）. [罗伯特·金·默顿:《十七世纪英格兰的科学、技术与社会》，范岱年等译，商务印书馆，2009年。]

Roy Porter, "The Scientific Revolution: A Spoke in the Wheel?", in R. Porter and M. Teich, eds., *Revolution in History*（Cambridge: Cambridge University Press, 1986）, pp. 290-316.

Steven Shapin, "Discipline and Bounding: The History and Sociology of Science as Seen Through the Externalism-Internalism Debate", *History of Science*, 30（1992）, pp. 333-369.

Steven Shapin, *The Scientific Revolution*（Chicago: The University of Chicago Press, 1996）. [史蒂文·夏平:《科学革命：批判性的综

合》,徐国强等译,上海科技教育出版社,2004年。]

Steven Shapin and Simon Schaffer, *Leviathan and the Air-Pump: Hobbes, Boyle and the Experimental Life* (Princeton: Princeton University Press, 1985).

Richard Yeo, *Defiing Science: William Whewell, Natural Knowledge, and the Public Debate in Early Victorian Britain* (Cambridge: Cambridge University Press, 1993).

索 引

Albertone, Manuela 曼努埃拉·阿尔贝托尼 41
Almain, Jacques 雅克·阿尔曼 60
anachronisms 时代倒错 7, 14, 44
Ancient Greece 古希腊 64, 86
Annales School 年鉴学派 84, 88
antiquarianism 嗜古癖 9, 57, 61, 66, 68
Aristotle 亚里士多德 58, 60-61, 64, 67
Aritotelian 亚里士多德主义 63
Arminian 阿民念主义 43, 87
Armitage, David 大卫·阿米蒂奇 99
Atterbury, Francis 弗朗西斯·阿特伯里 3
Augustinianism 奥古斯丁主义 87
Augustus, Emperor 奥古斯都皇帝 66
Austin, J. L. 奥斯汀 51

Bacon, Francis 弗朗西斯·培根 3
Bagehot, Walter 白芝浩 16
Bailyn, Bernard 伯纳德·贝林 40
Bank of England 英格兰银行 3

Baron, Hans 汉斯·巴伦 58
Bateson, F. W. 贝特森 46
Bayle, Pierre 皮埃尔·贝尔 7, 51
BBC History 《BBC 历史》 90
Bentham, Jeremy 杰里米·边沁 8, 35, 71, 75
Bentham Project 边沁项目 82
Berlin, Isaiah 以赛亚·伯林 26, 55, 70, 72, 74
Bevir, Mark 马克·贝维尔 10
Black, Michael 迈克尔·布莱克 45
Bloom, Allan 艾伦·布鲁姆 47
Bolingbroke, Henry St John, Viscount 亨利·圣约翰·博林布鲁克，子爵 50, 71
Bosschaert, Ambrosius 安布罗修斯·博斯查尔特 8
Boyle, Robert 罗伯特·波义耳 48, 96
Brailsford, H. N. 布雷尔斯福德 50
Braudel, Fernand 费尔南·布罗代尔 84, 88
Britain 英国

17th century civil wars 17 世纪内战 18-19

Brucker, Johann Jakob 约翰·雅各布·布鲁克 22-23

Brunner, Otto 奥托·布鲁纳 30-31

Brutus, Marcus Junius 马库斯·朱尼乌斯·布鲁图斯 39

Buchan, John 约翰·巴肯 6

Burke, Edmond 埃德蒙·柏克 20, 50, 91

Burns, James 詹姆斯·伯恩斯 82

Burrow, John 约翰·布罗 10, 13, 15-16, 40, 45, 99

Bury, J. B. 伯里 29, 47

Butterfield, Herbert 赫伯特·巴特菲尔德 29, 78, 96

Caesar, Julius 尤利乌斯·恺撒 38-9

Caesarism 恺撒主义 31

Calvinism 加尔文主义 6, 58, 59-60

Cambridge School 剑桥学派 viii-ix, 11, 39-44, 45, 58-66, 67-84

Cambridge University Press 剑桥大学出版社 83

Cassier, Ernst 恩斯特·卡西尔 26, 47

Catholicism 天主教 4, 59, 62-63, 86, 87

Charles I, King of England 查理一世,英格兰国王 69, 71

Charles II, King of England 查理二世,英格兰国王 90

Christianity 基督教

Christian Millennium 基督教千禧年 86

Cicero, Marcus Tullius 马库斯·图利乌斯·西塞罗 3, 64, 66

civic humanism 公民人文主义 61, 64, 66, 81

Claesz, Pieter 皮特·克拉斯 8

Clark, Jonathan 乔纳森·克拉克 74, 87

Cohen, Jerry 杰里·科恩 72

Cohen, Joshua 约书亚·科恩 18

Coke, Edward 爱德华·柯克 48

Collingwood, R. G. 柯林武德 21-22, 38-39, 48, 85, 88

Collini, Stefan 斯特凡·科利尼 97

contextualism 语境主义 38-44, 55-57, 72

Conze, Werner 维尔纳·孔泽 30

Copernicus, Nicolas 尼古拉斯·哥白尼 47-48

Croce, Benedetto 贝内代托·克罗齐 9

Cromwell, Oliver 奥利弗·克伦威尔 69

Crusades 十字军 79

Dahl, Robert 罗伯特·达尔 47

Darnton, Robert 罗伯特·达恩顿 13

Davidszoon de Heem, Jan 扬·达维

兹宗·德·海姆 8
Davy, Humphry 亨弗里·戴维 1
deconstruction 解构 33
Defoe, Daniel, 丹尼尔·笛福 62
Deleuze, Gilles, 吉尔·德勒兹 33
democracy 民主
    18th-century 18 世纪民主 93-95
    Dunn on 邓恩论民主 97
    Enlightenment and 启蒙运动与民主 32, 78, 93-95
    German-speaking world 德语世界的民主 31
    Rousseau 卢梭 16-18
    Skinner on 斯金纳论民主 50-51, 69
Derrida, Jacques 雅克·德里达 33
Diaz, Furio 富里奥·迪亚兹 41
Dick, Philip 菲利普·迪克 6
Diderot, Denis 丹尼斯·狄德罗 93
Doria, Paolo Mattia 保罗·马蒂亚·多里亚 87
Dunn, John 约翰·邓恩 viii, 41-42, 45, 47, 48, 50-51, 58, 74-75, 97

Ecclerigg Crag quarry 艾克勒格峭壁 1-3, 4-5
economics 经济学 75-81, 88-90
Elliott, J. H. 埃利奥特 41
England 英格兰
    Glorious Revolution (1688) 光荣革命（1688）92
    see also Britain 另见英国
Enlightenment 启蒙 31, 32, 43, 65, 78, 81, 83-4, 86, 87, 91, 92-93, 95
Epicureanism 伊壁鸠鲁主义 63
equality 平等 5, 56, 92-93
Eusebius of Caesaria 恺撒里亚的优西比乌 66

Fascism 法西斯主义 6, 31
Fénelon, Français 弗朗索瓦·费内龙 17
Ferguson, Adam 亚当·弗格森 19, 65, 87
Filangieri, Gaetano 伽泰诺·菲兰基耶里 87
Filmer, Robert 罗伯特·菲尔默 39, 88
Fletcher of Saltoun, Andrew 安德鲁·弗莱彻 62, 87
Forbes, Duncan 邓肯·福布斯 viii, 78-79
Foucault, Michel 米歇尔·福柯 11, 33, 34-36
France 法国
    Annales School 年鉴学派 84, 88
    Enlightenment 启蒙运动 93
    historiography 历史编纂学 41, 82
    intellectual history scholars 思想史家 33, 34-36, 84
    Revolution 革命 3, 8, 16, 17, 41, 71,

76, 91-92, 93, 95
Froude, James Anthony 詹姆斯·安东尼·弗劳德 29
Furet, François 弗朗西斯·孚雷 84

Gadamer, Hans-Georg 汉斯－乔治·伽达默尔 26
Garve, Christian 克里斯蒂安·加尔夫 23
Gauchet, Marcel 马塞尔·戈谢 84
Geertz, Clifford 克利福德·格尔茨 7
Geneva 日内瓦 16-17, 95
Genovesi, Antonio 安东尼奥·热诺维西 87
Germany 德国
    intellectual history scholars 思想史家 30-33
    Nazism 纳粹 30-31, 37
Gewirth, Alan 葛维慈 48
Ghosh, Peter 彼得·戈什 83
Giannone, Pietro 皮耶特罗·詹诺内 65
Giarrizzo, Giuseppe 朱塞佩·贾里佐 41
Gibbon, Edward 爱德华·吉本 65, 86
Gilbert, Allan 艾伦·吉尔伯特 52
Gilbert, Felix 费利克斯·吉尔伯特 26, 40, 52
Glorious Revolution 光荣革命（1688）92

Goldie, Mark 马克·戈尔迪 viii
Gombrich, Ernst 恩斯特·贡布里希 47
Gordon, Peter 彼得·戈登 27
Grafton, Anthony 安东尼·格拉夫顿 10, 13, 22, 86
Gramsci, Antonio 安东尼奥·葛兰西 9
Greece 希腊
    see Ancient Greece 参见古希腊

Haakonssen, Knud 克努兹·哈康森 20, 82-83
Hacking, Ian 伊恩·哈金 36
Hahn, Frank 弗兰克·哈恩 45
Hallam, Henry 亨利·哈勒姆 29
Harrington, James 詹姆斯·哈林顿 40, 62, 68, 69-70
Hegel, Georg 格奥尔格·黑格尔 15
Heidegger, Martin 马丁·海德格尔 37
Hitchcock, Alfred 阿尔弗雷德·希区柯克 6
Hobbes, Thomas 托马斯·霍布斯 18-19, 37, 49, 51, 67-69, 71, 76, 96
Hobbesianism 霍布斯主义 70, 71
Hobsbawm, Eric 埃里克·霍布斯鲍姆 41
Holbach, Paul-Henri Thiry, Baron d' 保罗－亨利·德·霍尔巴赫男爵 93

Hollander, Samuel 塞缪尔·霍兰德 89

Holy Roman Emperors 神圣罗马皇帝 61

Hont, Anna 安娜·洪特 77

Hont, István 伊斯特凡·洪特 10, 20, 75-80, 83, 85

Hooker, Richard 理查德·胡克 48

Hotman, Françis 弗朗西斯·霍特曼 40

Humanism 人文主义 22, 61, 64-66, 76, 81

Hume, David 大卫·休谟 3, 4, 23-34, 56, 65, 75, 76, 77, 78-79, 80, 86-87

Hunter, Ian 伊恩·亨特 73

Ignatieff, Michael 迈克尔·伊格纳季耶夫 83

Imbruglia, Girolamo 吉罗拉莫·因布鲁利亚 41

Industrial Revolution 工业革命 4

Ireland 爱尔兰 78

Israel, Jonathan 乔纳森·伊斯雷尔 92-93

Italy 意大利
    intellectual history scholars 思想史家 41
    Naples 那不勒斯 87

James, William 威廉·詹姆斯 28, 29

Jaspers, Karl 卡尔·雅斯贝尔斯 47

Jefferson, Thomas 托马斯·杰斐逊 71

Jenner, Edward 爱德华·詹纳 1

Johnson, Samuel 塞缪尔·约翰逊 23

Jones, Gareth Stedman 加雷斯·斯特德曼·琼斯 viii

journals 杂志 27

judicial review 司法审查 48

Justinian I, Emperor 查士丁尼一世，皇帝 66

Kamenka, Eugene 尤金·卡门卡 15-16

Kant, Immanuel 伊曼努尔·康德 56

Kapossy, Béla 贝拉·卡波西 76

Kelley, Donald 唐纳德·凯利 23

Kidd, Colin 科林·基德 74, 81, 97

Koselleck, Reinhart 莱因哈特·科泽勒克 11, 31-33

Kuhn, Thomas 托马斯·库恩 26, 36, 47-48, 96

Labrousse, Elisabeth 伊丽莎白·拉布鲁斯 7

Labrousse, Ernest 埃内斯特·拉布鲁斯 84

LaCapra, Dominick 多米尼克·拉卡普拉 33-34

language 语言 26

Laski, Harold 哈罗德·拉斯基 50
Laslett, Peter 彼得·拉斯莱特 39, 45-46, 48, 58, 88, 96
Laurie, John 约翰·劳里 6
Leavis, F. R. 利维斯 47, 84
Levellers 平等派 50
linguistic contextualism 语言语境主义 38-44, 55-57, 72
Lister, Joseph 约瑟夫·利斯特 96
Locke, John 约翰·洛克 22-23, 39, 48, 49-50, 58, 86
Lolme, Jean-Louis de 让－路易·德·洛尔梅 4
Longinus, Gaius Cassius 盖乌斯·卡西乌斯·朗基努斯 38-39
Lorenzetti, Ambrogio 安布罗乔·洛伦泽蒂 72
Louis XIV, King of France 法国国王路易十四 24, 25
Lovejoy, Arthur Onken 亚瑟·安肯·洛夫乔伊 27-30, 37, 40, 47, 92
Lutheranism 路德派 60

McAdam, John Laudon 约翰·劳登·麦克亚当 1
Macaulay, Thomas Babbington 托马斯·巴宾顿·麦考莱 29
Machiavelli, Niccolò 尼科洛·马基雅维利 3, 38, 49, 50, 52, 58-59, 61-62, 64-66, 78
McMahon, Darrin 达林·麦克马洪 10, 27, 84
MacPherson, C. B. 麦克弗森 51
Magna Carta（1215）大宪章（1215年）29
Maimonides, Moses 摩西·迈蒙尼德 36-37
Mair, John 约翰·迈尔 60
Maistre, Joseph de 约瑟夫·德·迈斯特 72
Malcolm, Noel 诺埃尔·马尔科姆 19
Mandelbaum, Maurice 莫里斯·曼德尔鲍姆 45
Mandeville, Bernard 伯纳德·曼德维尔 75
Mansfield, Harvey 哈维·曼斯菲尔德 50
Marat, Jean Paul 让·保罗·马拉 93
Mariana, Juan de 胡安·德·马里亚纳 60
Marshall, Alfred 阿尔弗雷德·马歇尔 89
Marsilius of Padua 帕多瓦的马西利乌斯 48, 49
Martin, Kingsley 金斯利·马丁 50
Marx, Karl 卡尔·马克思 40, 41, 72, 76-77
Marxism 马克思主义 25-26, 31, 40-41, 51, 59, 70, 80

McCarthyism 麦卡锡主义 29
medicine 医学 96
Meinecke, Fridrich 弗里德里希·迈涅克 14
militias 民兵 19
Miller, Perry 佩里·米勒 26
Milton, John 约翰·弥尔顿 68，69
modernity 现代性 37，60，77-78，85，86，91-95，95
Momigliano, Arnaldo 阿尔纳尔多·莫米利亚诺 13
Montesquieu, Charles de 孟德斯鸠 viii，23-25
Morgenthau, Hans 汉斯·摩根索 47
Moyn, Samuel 塞缪尔·莫恩 10，84，100
mythology 神话
    of coherence 连贯性的神话 49-50
    of doctrines 学说的神话 48-49
    of parochialism 地域化的神话 50-51

Namier, Lewis 刘易斯·纳米尔 8，51
Namierism 纳米尔主义 51
Napoleon I 拿破仑一世 90
Napoleonic wars 拿破仑战争 3，4
Nedham, Marchamont 马查蒙特·内德姆 68，69
Nelson, Horatio 纳尔逊 1，2，3

neo-Kantianism 新康德主义 73
neo-liberalism 新自由主义 19
neo-Romans 新罗马派 68-71，74-75
neo-Thomism 新托马斯主义 60
Netherlands 荷兰 92，94
Neville, Henry 亨利·内维尔 68
New Zealand 新西兰 81
Newton, Isaac 艾萨克·牛顿 1，48
Nordström, Johan 约翰·诺德斯特伦 27
Norman, Jesse 杰西·诺曼 91

Oakeshott, Michael 迈克尔·奥克肖特 26，85
Olympic Games 奥林匹克运动会 8
Otto of Freising 弗莱辛的奥托 66

Paine, Thomas 托马斯·潘恩 20，93
Palonen, Kari 卡里·帕洛宁 33
Panofsky, Erwin 欧文·潘诺夫斯基 26
Panopticon 全景监狱 35-36
papacy 教皇 61，86
Parker, Henry 亨利·帕克 69
Perrot, Jean-Claude 让－克劳德·佩罗 84
Petrarch 彼特拉克 50
Pettit, Philip 菲利普·佩蒂特 70
Philippson, Nick 尼克·菲利普森 20
Pinkus, Steve 史蒂夫·平克斯 92

Pitt, William 威廉·皮特 2-3

Plamenatz, John 约翰·普莱梅纳茨 47

Plato 柏拉图 28，49，50

Platonism 柏拉图主义 63

Pocock, John Greville Agard 约翰·格雷维尔·阿加德·波考克 11，12，39-40，41-43，45-46，58-59，61-66，74，77-78，80-82，85-86，93，100

Pope, Alexander 亚历山大·蒲柏 3

positivism 实证主义 14，23，26

postmodernism 后现代主义 80

poststructuralism 后结构主义 33

Presbyterianism 长老会 87

presentism 现今主义 14

Price, Richard 理查德·普莱斯 71，75

Priestley, Joseph 约瑟夫·普利斯特利 93

primitivism 原始主义 28

Protestantism 新教 29，62-63，78，86

Puritans 清教徒 60

Rabelais, François 弗朗西斯·拉伯雷 3

Rawls, John 约翰·罗尔斯 15，56，57

Reformation 宗教改革 86

Reid, Thomas 托马斯·里德 22-23，83

relativism 相对主义 37，38，96-97

Renaissance 文艺复兴 22，52，60，61，66，76，77，79，94

republicanism 共和主义 55，70，77-78，79，91-92

Ricardo, David 大卫·李嘉图 89

Robbins, Caroline 卡罗琳·罗宾斯 39-40

Roberts, Andrew 安德鲁·罗伯茨 90

Robertson, John 约翰·罗伯逊 87

Robertson, William 威廉·罗伯逊 65

Robespierre, Maximilien de 马克西米连·罗伯斯庇尔 93

Roman Empire 罗马帝国 63，79，100

Roman Law 罗马法 40，60，66

Rorty, Richard 理查德·罗蒂 73

Rosanvallon, Pierre 皮埃尔·罗桑瓦隆 84

Rousseau, Jean-Jacques 让－雅克·卢梭 16-18，50，56，95

Royce, Josiah 乔赛亚·罗伊斯 29

Russell, Bertrand 伯特兰·罗素 47

Ryan, Alan 艾伦·瑞恩 47

Ryle, Gilbert 吉尔伯特·赖尔 7

Said, Edward 爱德华·萨义德 36

Salamanca School 萨拉曼卡学派 60

Sallust 萨卢斯特 69
Sarpi, Paolo 保罗·萨尔比 3
Sartori, Andrew 安德鲁·萨托里 100
Schaffer, Simon 西蒙·谢弗 96
Schmitt, Carl 卡尔·施密特 32，38
Schmitt, Charles 查尔斯·施密特 37
Schneewind, J. B. 施尼文德 73
Schofield, Philip 菲利普·斯科菲尔德 82
science 科学 95-96
Scotland 苏格兰 6，87，94
Scott, Ridley 雷德利·斯科特 6
Scott, Walter 沃尔特·司各特 1
Scurr, Ruth 鲁思·斯库尔 92
Sebastián, Javier Fernández 哈维尔·费尔南德斯·塞巴斯蒂安 33
Seeley, J. R. 希利 29
Seneca, Lucius Annaeus 卢修斯·阿奈乌斯·塞涅卡 69
separation of powers 权力分立 48
Shakespeare, William 威廉·莎士比亚 74
Shapin, Steven 史蒂文·夏平 96
Shklar, Judith 朱迪斯·史珂拉 viii
Sidney, Algernon 阿尔杰农·西德尼 68
Skinner, Quentin 昆廷·斯金纳 viii，11，19，39，41，41-42，44，45-57，58-61，64-66，67-75，85-86，93

Smith, Adam 亚当·斯密 4，15，19-20，65，76，77，79-80，83-84，86-87
social context 社会背景 51-53
social contract 社会契约 16-18，48
Sonenscher, Michael 迈克尔·索南谢尔 76
Spain 西班牙 94
speech acts 言语行为 42-43
Spelman, Henry 亨利·斯佩尔曼 40
Spinoza, Baruch 巴鲁赫·斯宾诺莎 36-37，93，94
Steiner, Philippe 菲利普·斯坦纳 84
Stephen, Leslie 莱斯利·斯蒂芬 14-15
Stoicism 斯多葛学派 63
Strauss, Leo 利奥·施特劳斯 11，36-38，47，49，50，57，80
Strawson, P. F. 斯特劳森 51
Stubbs, William 威廉·斯塔布斯 29
Suárez, Francisco 弗朗西斯科·苏亚雷斯 60

Tacitus 塔西佗 69
Tawney, R. H. 托尼 51
teleology 目的论 14，28，29-30，31-32，40，66，80，89，92
Tennyson, Alfred 阿尔弗雷德·丁尼生 3
thick description 深描 7-8

Thompson, E. P. 汤普森 59，83-84
Thompson, John A. 约翰·汤普森 45
Tolstoy, Leo 列夫·托尔斯泰 72
Tortarolo, Edoardo 埃多阿多·托尔塔罗洛 41
Trajan, Emperor 图拉真皇帝 66
Trevor-Roper, Hugh 休·特雷弗－罗珀 41
Tuck, Richard 理查德·塔克 viii，19
Tully, James 詹姆斯·塔利 53-54
Turner, J. M. W. 特纳 66

Venturi, Franco 弗兰科·文图里 41
Vico, Giambattista 詹巴蒂斯塔·维科 22，87
Vitoria, Francisco de 弗朗西斯科·德·维多利亚 60
Voltaire 伏尔泰 65

Waldron, Jeremy 杰里米·沃尔德伦 72-3
Walras, Léon 莱昂·瓦尔拉斯 89
Walzer, Michael 迈克尔·沃尔泽 60
Warrender, Howard 霍华德·沃伦德 47

Waterman, Anthony 安东尼·沃特曼 74
Watson, Richard 理查德·沃森 1
Weber, Max 马克斯·韦伯 59，83
Wehler, Hans-Ulrich 汉斯－乌尔里希·韦勒 31-32
Wellington, Duke of 惠灵顿公爵 2，3
Whig historiography 辉格史学 29，40，78-79，88-89，92-93，95-96
White, Hayden 海登·怀特 33-34
Willey, Basil 巴兹尔·威利 4
Williams, Raymond 雷蒙德·威廉斯 84
Williamson, Henry 亨利·威廉森 5-6
Wilson, John 约翰·威尔逊 1
Winch, Donald 唐纳德·温奇 9-10，20，84，88-89
Wittgenstein, Ludwig 路德维希·维特根斯坦 26
Wootton, David 大卫·伍顿 95，96
Worden, Blair 布莱尔·沃登 41-42
Wordsworth, William 威廉·华兹华斯 1

Yates, Frances 弗朗西斯·耶茨 48